高等院校艺术学门类"十四五"系列教材

广告策划与创意设计
（第二版）

GUANGGAO CEHUA YU CHUANGYI SHEJI

主　编　◎　刘　佳
副主编　◎　宗　林　　李佳龙　　唐映梅　　龙　英　　瞿思思
　　　　　　江　毅　　周　薇　　刘昕烁　　尚　存
参　编　◎　张　玲　　胡　勇　　程　奇　　杨婷婷　　秦燕妮
　　　　　　曾　勇　　康　菲　　彭娅菲　　单春晓

华中科技大学出版社
http://www.hustp.com
中国·武汉

内 容 简 介

广告策划与创意设计课程是广告学科体系中的重要组成部分,也是我国广告学界目前研究较为薄弱的环节之一。

本书是高校广告专业的一部新教材。全书共八章,主要介绍广告创意与策划的基本理论、广告目标的确立策略、广告创意的诉求策略,以及广告创意与策划的思维方式、语言符号,最后重点介绍广告创意与策划的方法和流程,对不同类型的广告创意进行了特点分析。书中列举了大量生动形象的实例,有助于读者加深对本书所述内容的理解,具有很强的实用性。

图书在版编目(CIP)数据

广告策划与创意设计/刘佳主编. —2版. —武汉:华中科技大学出版社,2022.6(2025.1重印)
ISBN 978-7-5680-8297-6

Ⅰ.①广… Ⅱ.①刘… Ⅲ.①广告学-高等学校-教材 Ⅳ.①F713.81

中国版本图书馆 CIP 数据核字(2022)第 078729 号

广告策划与创意设计(第二版) 刘 佳 主编
Guanggao Cehua yu Chuangyi Sheji(Di-er Ban)

策划编辑:彭中军
责任编辑:段亚萍
封面设计:孢 子
责任监印:朱 玢
出版发行:华中科技大学出版社(中国•武汉) 电话:(027)81321913
　　　　　武汉市东湖新技术开发区华工科技园 邮编:430223
录　 排:武汉创易图文工作室
印　 刷:武汉市洪林印务有限公司
开　 本:880 mm×1230 mm 1/16
印　 张:7
字　 数:216 千字
版　 次:2025 年 1 月第 2 版第 4 次印刷
定　 价:49.00 元

本书若有印装质量问题,请向出版社营销中心调换
全国免费服务热线:400-6679-118　竭诚为您服务
版权所有　侵权必究

前言

　　本书是高校艺术设计专业基础教材,具有以下特色:

　　在体例安排上,布局科学,内容新颖。本教材按精品教材的要求确立写作思路、写作方法,图文并茂、清新活泼。在知识体系上,着眼于学生就业所需的专业知识和操作技能,着重讲解应用型人才所需的内容和关键点,与就业市场结合,做到与时俱进,让学生学而有用、学而能用。

　　在教学理念上,以学生为本。站在学生的角度思考问题,考虑学生学习的动力,强调锻炼学生的思维能力以及运用知识解决问题的能力。注重拓展学生的知识面,让学生能在学习到必要知识点的同时也对其他相关知识有所了解。注重融入人文知识,将人文知识融入理论讲解,提高学生的人文素养。

　　在能力培养上,理论讲解简单实用。理论讲解清楚,注重讲解理论的来源、出处以及用处。采用案例式教学方式,有机融入经典的实例以及操作性较强的案例,并对实例进行有效的分析,着重培养学生的职业意识和职业能力。重视实践环节,强化实际操作,加深学生对理论知识的理解。习题设计具备启发性,全方位考查学生对知识的掌握程度。

武昌理工学院
刘佳

目录

第一章 广告创意与策划导论　　001

第一节　广告创意与策划的概念与内涵　　002
第二节　广告创意与策划的特征与作用　　005
第三节　广告策划的内容与分类　　008

第二章 广告目标　　011

第一节　广告目标的概念　　012
第二节　广告目标与营销目标　　018
第三节　广告目标的制订　　021

第三章 广告创意的表现原则及基本理论　　026

第一节　广告创意的表现原则　　027
第二节　广告创意的基本理论　　030

第四章 广告创意的思维方法　　040

第一节　创意思维概述　　041
第二节　广告创意思维方式　　044
第三节　广告创意的创造技法　　051

第五章 广告创意与策划的流程与执行　　057

第一节　广告创意流程　　058

第二节　广告创意与策划的执行与管理　　061
第三节　广告媒体战略　　063
第四节　广告的整合传播　　067

第六章　平面广告创意　　074

第一节　平面广告构成要素　　075
第二节　构成要素的创意方法　　078
第三节　平面广告创意指南　　083
第四节　不同类型平面广告的创意要领　　087

第七章　电视广告策划与创意　　091

第一节　电视广告策略方法概说　　092
第二节　电视广告发布策划　　093
第三节　电视广告创意　　095

第八章　网络广告创意　　098

第一节　网络广告概述　　099
第二节　网络广告创意　　102

参考文献　　104

第一章

广告创意与策划导论

广告创意与策划是广告制作的灵魂。广告制作的各个环节、各种组合几乎都是对广告创意和策划的体现，甚至可以说，广告的成败就在于其创意的优劣。广告最原始、最基本的功用，应是广而告之、宣传产品，以达销出产品之目的，广告创意和策划也因此更加重要。当前，随着经济与社会的发展，国内外商业产品竞争不断升级，广告也从"实话实说"进入到所谓的"媒体大战""投入大战"，进而上升到广告创意的竞争，于是，"创意"一词成为我国广告界流行的常用词，广告创意与策划的重要性不断显现。

广告不能没有创意，创意是广告的灵魂，没有创意，产品宣传就很难达到效果。许多广告并没有真正意义上的创意，只是一厢情愿地告知，这不符合现代受众的广告口味。消费者不喜欢低层次的广告，常常因广告过于直露而感觉其俗不可耐，从而产生厌倦甚至反感情绪。如果消费者因不喜欢广告，发展到不喜欢广告所宣传的产品，广告反而产生了负效应。如今，消费者日益成熟，他们要求广告用一种富有内涵的艺术形式与自己沟通，以此体现自我价值，这从现阶段成功的企业广告宣传效果中便可以看出。

第一节　广告创意与策划的概念与内涵

学界大都是把广告创意和广告策划分开来进行概念和内涵上的分析和解释，从而对广告创意与策划进行理解，这也是广告学界一直在遵循的潜在理论解释方式。关于广告创意与策划的内涵，学者已经做了许多相关的界定和分析。

一、广告创意的概念与内涵

有学者认为，完整地认识"广告创意"这个词组，有助于对创意的把握。广告，是社会化的传播，越"广"（大众）越好；而创意，则是独创，只有个体生命才有可能最先萌发创造的意念（绝不可能由众人异口同声地发出）。创意是科学广告过程的核心环节，对它的误解一直影响着广告的教学和成效。广告是一个系统、开放、循环的过程，包括一系列环节：由广告主与广告企业成交开始，包括调查、策划、创意、表现、发布（以上是5个重要环节）和反馈等环节，最重要的是创意环节。调查是广告活动必备的前提，由多人参与；策划，其实就是一种类型的计划，可以由会议研究决定；表现，是表现创意及其成果；发布，是用媒介传播广告；只有创意是纯粹个体产生的。调查和策划的作用是打下创意的科学基础，为创意服务；之后的表现和发布，则更是由创意所生发而来。没有创意，广告就没有了中心，没有了灵魂以及生气，注定是简单的重复或者模仿，并且会失败。创意这一核心作用不容轻视。[1] 也有学者认为，创意是广告活动中的专用词语，它以塑造广告艺术形象为主要特征。它是一种超越性、创造性的思维，在整个广告运作中处于中心的地位。[2]

---

[1] 陈功伟.广告创意试析[J].广东工业大学学报（社会科学版），2008(1)：P56.
[2] 李文庠.创新思维——走出经营管理误区[M].郑州：河南人民出版社，2003，P15.

严运桂认为,广告创意,顾名思义,可理解为创造性的主意,这里的"主意"在不同的情况下可以做不同的理解,如意念、念头、想法、思想、观点等,它是无形的、观念性的东西,必须借助有形的东西才能表达出来。而这一有形的东西又和形象、表象、意象、意境等概念关系紧密。表象一般应当是广告受众比较熟悉的,能激起某种共同联想的客观形象。表象经过创作者的感受、情感体验和理解作用,经过一定的联想、夸大、浓缩、扭曲和变形,便转化为意象。意象对客观事物及创作者意念的反映程度是不同的,其所能引发的受众的感觉也会有差别。用意象反映客观事物的格调和程度即为意境,也就是意象所能达到的境界。要把无形的、抽象的观念用有形的意象、意境表达出来,这又涉及媒体、画面、文字、音乐、组合方法、层次、结构等。① 李鹏认为,所谓广告创意,从动态的角度看,就是广告人员对广告活动进行的创造性的思维活动。从静态的角度看,就是为了达到广告目的,对未来广告的主题、内容和表现形式所提出的创造性的"主意"。② 美国广告专家大卫·奥格威这样说:"吸引消费者注意力的同时让他们来买你的产品,非要有很好的点子不可,除非你的广告有很好的'点子',不然,它就像快被黑夜吞噬的船只。"奥格威所说的点子,就是创意的意思。创意的核心是"创"。所谓"创",就是创造,是"言前人所未言,发前人所未发"的一种行为。所谓"意",就是主题或主题思想。概括来讲,广告创意就是广告创作者根据产品的性能和应有的价值,通过市场调研,经过精心思考和策划,运用艺术和文学手段,塑造成一个商品的一种形象和一个意念的全过程,也就是通常所说的构思。一个好的构思往往能使广告获得意想不到的结果。③

从学界的观点可以看出,广告创意的概念有着特定的含义,它的关键之处就在于对创意的理解,本书的概念和含义的界定也正是建立在这个基础之上的。创意就是创造、创建、造成,从字面上理解是"创造意象之意",意象是在人们头脑中形成的表象,经过创作者的感受、情感体验和理解作用,渗透进主观情感、情绪和一定的意味,经过一定的联想、夸大、浓缩、扭曲和变形,形成转化的结果。从这个角度进行深入的理解,则广告创意是介于广告策划与广告表现制作之间的艺术构思活动,即根据广告主题,经过精心思考和策划,运用艺术手段,把所掌握的材料进行创造性的组合,以塑造一个意象的过程。简而言之,即广告主题意念的意象化。④《广告专业技术岗位基础知识》是国家工商行政管理总局广告监管司编写的具有权威性的教材,认为创意活动是现代广告运作的一个核心环节,是创意人员根据广告策略对有效的广告信息传达方式的创造性思考过程。广告创意是现代广告运作中创意活动的产物,是有效而且具有创造性的广告信息传达方式。⑤

虽然创意已经成为广告业的核心主导概念,但对于什么是广告创意,目前国内外业界、学界尚无一致的看法。如上文所述,西方有代表性的观点,科学派广告大师、广告教皇大卫·奥格威认为,除非广告源自一个大创意,否则它将有如夜晚航行的船只无人知晓。⑥ 艺术派的广告大师李奥·贝纳认为,所谓创意,真正的关键是如何运用有关的、可信的、高品位的方式,与以前看似无关的事物之间建立一种新的有意义的关系,而这种新的

---

① 严运桂.现代广告创意的相关思考[J].长江大学学报(社会科学版),2008(2):P126.
② 李鹏.谈广告创意的误区[J].河南工业大学学报(社会科学版),2009(3):P76.
③ 宫承涛.浅论广告创意的基本原则[J].鲁行经院学报,2001(2):P78.
④ 邹元.论广告创意的原则[J].湖北师范学院学报(哲学社会科学版),2007(2):P97.
⑤ 国家工商行政管理总局广告监管司.广告专业技术岗位基础知识[M].北京:中国统计出版社,1999,P360.
⑥ 魏炬.世界广告巨擘[M].北京:中国人民大学出版社,2006,P91.

关系可以把商品的特性用某种清新独到的见解表现出来。① 在众多关于广告创意的观点中,最经典的可能莫过于广告大师詹姆斯·韦伯·扬的"旧的元素,新的组合"。② 我国台湾广告学者罗文坤从行销传播角度对"创意"进行解读,认为创意包含5层含义:第一是创益,创造利益点,让消费者了解该产品利益点在哪;第二是创异,创造差异点,在众多品牌中,给消费者提供购买该品牌的理由;第三是创议,"议"就是生活提案,即该产品在消费者生活当中(时间、地点)扮演什么角色;第四是广告必须创艺,即有个性,有艺术性、娱乐性;这些兼具之后,广告才能创忆,产生回忆,创造回忆。③

广告业界对此也有自己的看法。泉州蓝道广告公司创意总监江绍雄认为,"创意"包含5个层面的意思:第一,"仓"即仓库、仓储,代表积累,巧妇难为无米之炊,这是创意的基础;第二,"立刀旁"代表锐利,创意要有锋芒,才能势如破竹;第三,"立"代表立意,创意要有观点和主张,明确要向受众传达什么;第四,"曰"即说,代表表达,创意要善于与受众沟通;第五,"心"代表真心、诚心、用心,表明做创意要怀着一颗真诚的心,才能感悟其真谛。④

据此,本书认为广告创意可以做如下界定:广告创意,就是广告创作主体根据产品应有的特性,通过市场调研,经过精心思考和策划,运用艺术和文学手段,塑造成一个商品的一种形象和一个意念的全过程。

二、广告策划的概念与内涵

广告策划有着特定的含义,我们先看看关于"策划"的定义。哈佛企业管理丛书编纂委员会对"策划"是这样解释的:"策划是一种程序,在本质上是一种运用脑力的理性行为。基本上所有的策划都是关于未来的事物,也就是说,策划是针对未来要发生的事情做当前的决策。换言之,策划是找出事物因果关系,衡量未来可采取之途径,作为目前决策之依据。亦即策划是预先决定做什么、何时做、如何做、谁来做……策划的步骤是以假定目标为起点,然后订出策略、政策以及详细的内部作业计划,以求目标之达成,最后还包括成效之评估及反馈……策划是一种连续不断的循环。"⑤

学界对广告策划也做了不同的解释。广告策划是指市场营销主体根据企业营销的战略和策略,以企业产品、目标消费群体、市场竞争状况和广告传播环境为基础,充分考虑广告策划活动的整体性、可行性、目的性、创新性、效益性,从而为企业广告传播和市场开拓提供科学决策的过程。⑥ 还有学者认为,所谓广告策划,就是根据广告主的营销计划和广告目标,在市场调查的基础上,制订出一个与市场情况、产品状态、消费者群体相适应的经济有效的广告计划方案,并实施之,检验之,从而为广告主的整体经营提供良好服务的活动。⑦ 广告策划是根据广告主的营销策略,按照一定的程序对广告运动或者活动的总体战略进行前瞻性规划的活动。它以科学、客观的市场调查为基础,以富于创造性和效益性的定位策略、诉求策略、表现策略、媒介策略为核心内容,以具有可操作性的广告策划文本为直接结果,以广告运动(活动)的效果调查为终结,追求广告运动(活动)进程的合理化和广告效果的最大化,是广告公司内部业务运作的一个重要环节,是现代广告运作科学化、规范化的重要标志之一。⑧ 我国台湾地区将广告策划称为广告企划,认为"广告企划"是"执行广告运动必要的准备动作"。在实务上,广告主和广告代理商处理广告企划有很大的差异,但理想的过程可以是下列行动的组合:产品—市场

---

① 魏炬.世界广告巨擘[M].北京:中国人民大学出版社,2006,P246.
② (美)汤姆·狄龙.怎样创作广告[M].刘毅志,译.北京:中国友谊出版公司,1991.
③ 罗文坤.从行销传播谈广告创意真谛[C]//中国广告年鉴编辑部.98中国广告年鉴.北京:新华出版社,1999,P315.
④ 江绍雄.创意撩人:视觉行销力与品牌创见[M].北京:中国传媒大学出版社,2006.
⑤ 陈放,聂德彬.广告策划[M].北京:蓝天出版社,2005,P15.
⑥ 徐智明,高志宏.广告策划[M].北京:中国物价出版社,1997,P13-14.
⑦ 丁俊杰.现代广告通论[M].北京:中国物价出版社,1997,P353.
⑧ 徐智明,高志宏.广告策划[M].北京:中国物价出版社,1997,P16.

分析、竞争状况评估、客户简介、目标设定、预算、目标对象设定、建立创意及媒体策略、创意的执行、媒体的购买及排程、媒体执行、与其他行销组合机构的配合、执行完成、效果评估。但也有学者把广告策划分为两个部分：宏观广告策划和微观广告策划。所谓宏观广告策划，又叫整体广告策划，它是对在同一广告目标统摄下的一系列广告活动的系统性预测和决策，即对包括市场调查、广告目标确定、广告定位、战略战术确定、经费预算、效果评估在内的所有运作环节进行总体决策。所谓微观广告策划，又叫单项广告策划，即单独地对一个或几个广告的运作全过程进行的策划。

由此可以看出，广告策划的概念和含义的界定要从多方面来看。一个完整的广告策划要有策划者、策划依据、策划对象、策划方案、策划效果评估，并且要遵循独创性原则、简洁性原则、思想性原则等。因此，广告策划就是广告策划者根据企业营销的战略和策略，以企业产品、目标消费群体、市场竞争状况和广告传播环境为基础，依据独创性原则、简洁性原则、思想性原则等，从而为企业广告传播和市场开拓提供科学决策的过程。

第二节 广告创意与策划的特征与作用

一、广告创意与策划的根本特征

广告创意与策划的根本特征也可以从广告创意和广告策划两个方面来看。

（一）广告创意的特征

关于广告创意的特征，很多学者已经做了论述，具体来看主要是具有抽象性、广泛性、关联性和独创性等特点，这也是从创意本身的特性可以看出的。

1. 抽象性

所谓抽象性，是指广告创意是一种从无到有的精神活动。具体地说，就是从无限到有限、无向到有向、无序到有序、无形到有形的思维过程。广告创意在转化为"有"之前，它只是一种内在的、模糊的、隐含的意念，一种看不见、摸不着的感觉或思想；而在转化为"有"之后（即经过广告表现之后），它也不能告诉你它是什么东西，它只是一种感受或观念的意象的传达。

2. 广泛性

广泛性是指广告创意普遍存在于广告活动的各个环节。广告创意不仅可以体现在主题的确定、语言的妙用、表现的设计等方面，还可以体现在战略战术的制定、媒体的选择搭配、广告的推出方式等每一个与广告活动有关的细节和要素上。因此，有人提出了大创意的观点。从广义上说，广泛性也是广告创意的重要特点。

3. 关联性

关联性是指广告创意必须与广告商品、消费者、竞争者相关联，必须要和促进销售相关联。

4. 独创性

独创性是广告创意的本质属性。我们平常所说的"独辟蹊径、独具匠心、独树一帜、独具慧眼"等，都是指广告创意的独创性。广告创意必须是一种不同凡响、别出心裁、前所未有的新观念、新设想、新理论，是一种"言前人所未言，发前人所未发"的创举。

(二)广告策划的特征

广告策划具有目标性、思维性、智谋性、操作性、超前性、程序性、灵活性、创造性等特点:

1. 目标性

广告主的广告目标在不同的时期,面对不同的市场、产品、消费者、竞争对手都有着不同的内容,而不管是哪个具体的广告目标,都要服从于企业的营销目标和营销策略,在品牌的长期规划下运作。

2. 程序性

广告策划包括市场调查、营销环境分析、消费者分析、产品分析、竞争对手分析、广告目标、广告诉求策略、广告表现策略、广告媒体策略、广告策划书的撰写、广告策划的实施、效果评估等环节,每一个环节都不是独立的,而是有因有果、相互关联的,并且是极有顺序的一个整体。不可忽视哪一个环节,更不可忽略、颠倒其中的各项内容。

3. 创造性

广告需要创意,这个创意不仅仅是广告表现上的创意,整个广告策划的流程都存在创意的空间,市场定位、创意表现、媒体发布,创意无处不在。创意既不是空中楼阁,也不是某个创意人的灵机一动。绝妙的点子来自准确的市场调研和前期市场分析,来自对消费者心理的精确把握和触动,来自生活的积淀和多年的操作经验。

4. 灵活性

广告活动处于一定的市场条件之下,随着宏观和微观环境、产品、消费者、竞争对手的变化而变化。同时,广告策划是一个过程,过程中自然会有学习和反馈,可调适是必然的。广告策划的纸上计划制订还包括具体执行的时候,或者遇到突发事件时,根据具体的现实情况做适当的调整。

5. 操作性

广告策划要在战略和策略的指导下制订出一系列可以操作的方法,使广告策划的意图真正落到实处,使广告效果得以体现。否则,广告策划就没有实现价值的可能了。①

6. 思维性

广告策划的关键是"用策",而用策就离不开思维,尤其是创造性思维。从根本上讲,策划是一种思维科学、一种创造思维学、一种整合思维学。策划是用辩证的、动态的、发散的思维来整合策划对象的各类有形资源和无形资源,使其达到最大效益的一门科学,思维性是策划的本质属性。

7. 超前性

策划者应有把握全局、深谋远虑的前瞻性头脑,立足现实、着眼未来,培养未来意识和超越意识,既要站在系统的、战略的高度,用系统的、战略的眼光来认识和把握策划对象的发展趋势,又要站在时代前列,紧紧把握时代脉搏,用当代全新的观念、全新的思维来审时度势、运筹帷幄。②

(三)广告创意与策划的特征

广告创意与策划的特征可以从以下几个方面来看:

(1)广告策划与创意要虚实相间。"实",指产品的质量、价格、特点、属性以及具有竞争力的优点、优势,指产品的背景情况。"虚",指产品的服务环节中的优点、优势。

(2)广告策划与创意是多种因素作用的结果,苦心搜寻思虑,然后,或偶然得之,或水到渠成。广告策划与

---

① 唐先平,左太元,李昱靓.广告策划[M].重庆:重庆大学出版社,2008,P7.
② 余明阳,陈先红.广告策划创意学[M].3版.上海:复旦大学出版社,2007,P18.

创意本身是一个过程,欲速则不达。人们考察广告创意者的思考过程,归纳出了一个金字塔原理,金字塔共分3层:第一层是资讯;第二层是审慎的分析;第三层是广告创意的出现。

(3)广告策划与创意是一个发展的、不断更新变动的过程。广告创意是个互动的活动,包括酝酿期、形成期、反馈矫正期。为了节省矫正成本,广告创意者应在广告制作和广告投放市场之前,再三斟酌,集思广益,力求其创意至善至美。即便如此,广告在投放市场后,仍要反馈于受众,如果受众反应过于平淡,或批评过于激烈,其广告创意乃至广告"招数"都必须做改动。如果明知有过失和不当之处,却不愿正视并及时修改,其广告效果只能是与期待值南辕北辙。

(4)广告策划与创意应该是具有独特性的,是极力追求与挖掘"你无、他无、我独有"的东西。在目前市场商品丰富、竞争激烈的情况下,依据标准化的同质产品或同质信息诉求,很难吸引消费者,因此,独特性营销成为企业主要的营销战略选择。追求独特性的广告创意充分考虑到了受众需求的多样性和异质性。广告创意的独特性主要是建立在产品的差异性基础之上的。广告产品的差异包括产品的核心差异、产品形体的差异、产品附加值的差异以及产品与受众之间的关系差异等。产品的这种差异性一旦融进了广告创意中,就会使广告创意新颖而奇妙。

(5)广告创意者不应只是以自己所处地域人群的价值观、情感、心理及习惯等为取向,还应兼容其他地域、民族的文化因素。

(6)广告创意的最高原则虽然是求用求利,但不是唯利唯用,还应充分考虑求精求美的原则。创益是每则广告必求的,创义是每则广告必有的,而创异、创美是实现创益、体现创义的有效手段,是因具体情况而有所取舍的。

由此可知,广告创意者要有渊博的知识、娴熟的专业技巧、活跃发散性的思维、洞察世情的人文素养、吸纳最新科技和吞吐大量信息的能力,[①]这样才能具体了解广告创意和策划为何物。

二、广告创意与策划的主要作用

广告创意与策划的重要作用具体表现在以下四个方面。

(一)保证广告活动的计划性

在广告活动的初期,广告只是一种临时性的促销工具,广告活动比较分散、零乱,缺乏系统、长远的规划。随着广告活动的日渐增多,广告活动的范围、规模和经费投入日渐增大,所使用的工具、手段也日渐复杂。广告不再是简单地购买一个播放时间或登版面的机械劳动,而是发展成为一个极为复杂的系统工程。因此,现代意义上的广告活动必须具有高度的计划性,必须预先设计好广告资金的数额和分配、广告推出时机、广告媒体的选择与搭配、广告口号的设计与使用、广告推出方式的选择,等等,而这一切都必须通过策划来保证和实现。通过科学的策划,一可以选择和确定广告目标和诉求对象,使整个活动目的明确、对象具体,防止出现盲目性;二可以有比较性地选择广告媒体和最有效的推出方式;三可以有计划地安排广告活动的进程和次序,合理地分配和使用广告经费,争取最好的广告效益。总之,通过广告策划可以保证广告活动自始至终都是有条不紊地进行。

(二)保证广告工作的连续性

促进产品销售,塑造名牌产业和名牌产品形象,这是广告的根本目的。而要达到这一目的,并非朝夕之事,仅仅通过一两次广告活动是不能解决问题的,必须通过长期不懈的努力和持之以恒的追求,通过逐步累积广告效果才能实现广告的最终目标。过去,广告主的广告活动往往是"临时抱佛脚",而通过广告策划既可以总结和评价以前的广告活动,保证广告活动不间断、有计划、有步骤地推出,又可以在此基础上,设计出形式新颖独特、

---

① 严运桂.现代广告创意的相关思考[J].长江大学学报(社会科学版),2008(2):P127.

内容和主题又能与以前的广告活动保持有机联系的广告活动方案,从而在各个方面确保前后广告活动在效果上的一致性和连续性。

(三)保证广告活动的创造性

创造性地开展广告活动,使每一次广告活动都能成功地瞬间抓住消费者的眼球,使之采取购买行为,可以说,这是每一个广告活动所追求的目标。广告人员的创造性是保证达成此目标的关键所在。通过广告策划,可以把各个层次、各个领域的创意高手聚集起来,利用集体的智慧,集思广益,取长补短,激发创意,从而保证广告活动的各个环节都充满创意。

(四)保证广告活动的最佳效果

韩非子说:"凡功者,其入多,其出少,乃可谓功。今大费无罪而少得为功,则人臣出大费而成小功,小功成而主亦有害。"(《韩非子·南面》)。这段话告诉我们,干任何事情,都要讲求效益,追求最佳效果。广告策划更不例外,因为市场竞争最重要的原则就是效益第一,广告主投资广告最直接的目的就是追求广告效果。欲达此目的,必须经过系统周密的广告策划。通过广告策划,可以使广告活动自发地沿着一条最简捷、最顺利、最迅速的途径运动,可以自发地使广告内容的特性表现得最强烈、最鲜明、最突出,也可以自发地使广告功能发挥得最充分、最完全、最彻底,从而降低成本、减少损耗、节约广告费用,形成广告规模效应和累积效应,确保以最少的投入获得最大的经济效益和社会效益、近期效益和长远效益。

第三节 广告策划的内容与分类

作为广告工作者,我们进行广告设计的目的是要设计出具有中国特色的社会主义广告,充分发挥广告传递信息、指导消费、活跃经济的作用,为社会主义的商品经济服务,也为发展平等互利的国际经济贸易服务。因此,我们进行广告创意时必须坚持四条总的原则:一是广告的艺术性,二是广告的真实性,三是广告的思想性,四是广告的科学性。[①] 广告创意是与消费者沟通的艺术。广告创意的根本目的是有效地影响目标受众,达成信息的有效传递,突破认知屏蔽和障碍,让广告信息从信息过载的环境中脱颖而出,其最佳效果是"于我心有戚戚焉",实现与目标受众的共鸣,具有强烈的感染力。广告创意是心到心的过程,是对信息传递的有效思考。要实现和受众的有效沟通,广告创意就必须站在消费者的角度,以广告对象为出发点,准确把握受众心理和需求,将心比心,直指人心,用其喜欢的方式进行沟通,带有很强的目的性、针对性和功利性。因此,行销和传播是广告创意的两大前提。[②] 广告创意与策划的内容及其分类也都以此为标准,这也是对广告创意与策划进行分类的基础。

一、广告策划的主要内容

广告策划的内容,主要有广告市场调查、市场认识与细分、产品认识与定位、广告战略的制定、广告媒体渠道策划、广告推进程序策划和广告效果评估等七项内容。这些内容在后面的章节中再进行详细深入的论述。

---

① 张淑君,贾楠.论广告创意原则[J].河南农业,2011(6):P59.
② 陈思达.广告创意内涵蕴意[J].闽江学院学报,2011(4):P100.

在这里只做条理化、概括化的分析,以便大家从整体上把握广告策划的基本内容。

(一)广告市场调查

广告市场调查是广告策划与创意的基础,也是必不可少的第一步。广告市场调查主要是以商品营销活动为中心展开的,围绕着市场供求关系来进行的。市场调查的主要内容包括广告环境调查、广告主企业经营情况调查、产品情况调查、市场竞争性调查以及消费者调查,通过这样深入细致的调查,了解市场信息,把握市场动态,研究消费者的需求方向和心理偏好,并且明确广告主及其产品在人们心目中的实际地位和形象,提供大量的、第一手的信息资料。

(二)市场认识与细分

现代广告与当代市场紧密相连,现代广告需要当代市场为其提供充分发挥作用的广阔天地,而当代市场也需要运用现代广告去开拓和发展。因此,对市场的深入认识和细分也是广告策划的一项重要内容。通过市场认识与细分市场,使每一分广告投入都获得最大限度的利用。

(三)产品认识与定位

广告策划的一个重要课题是要使广告产品在人们心目中确立一个适当的、不可替代的位置,从而区别于其他同类产品,给消费者留下值得购买的印象。因此,在了解了本组织、本企业及其产品在社会上的实际形象后,要继续深入研究和分析本企业及其产品的各类特征。

(四)广告战略的制定

广告战略从宏观上规范和指导着广告活动的各个环节,包括四个方面的内容:

(1)广告战略思想,是积极进取,还是高效集中,是长期渗透,还是稳健持重,或消极保守,不同的战略思想会对广告战略起不同的作用;

(2)广告战略目标,根据产品销售战略,确定广告目标,决定做什么广告,达到什么目的;

(3)广告战略设计,即确定广告战略方案,可以从市场、内容、时间、空间、优势、消费者心理、传播范围、媒体渠道、进攻性等多角度设计;

(4)广告经费预算,一般应根据营销情况、广告目标、竞争对手等因素做合理的预算分配。

(五)广告媒体渠道策划

广告媒体渠道策划是现代广告策划的重要内容,对广告宣传的得失成败有重要的影响。选择广告媒体应充分考虑媒体的性质、特点、地位、作用以及媒体的传播数量和质量、受众对媒体的态度、媒体的传播对象、媒体的传播费用等因素,再根据广告目标、广告对象、广告预算等综合分析与权衡。

(六)广告推进程序策划

广告推进程序策划主要包括后期的广告表现和广告的实施与发布。它是广告最终影响消费者、产生实效的关键所在,也是广告策略的具体运用。广告实施主要包括广告市场策略、广告促销策略和广告心理策略。广告发布主要包括发布时机策略和发布频率策略。

(七)广告效果评估

广告效果评估是广告策划的最后环节和内容,也是广告主最关心的部分。通过评估可以判定广告活动的传播效果。[1]

二、广告策划的多种分类

广告策划是广告实务中最重要和最主要的工作。根据不同的分类标准,我们可以将广告策划分为以下

---

[1] 余明阳,陈先红. 广告策划创意学[M]. 3版. 上海:复旦大学出版社,2007,P21-22.

几类：

(一)根据广告策划的规模划分

根据广告活动的复杂程度，以及时间的持续长短、影响的深度和广度等，将广告策划分为单项广告活动策划和广告运动策划。

1. 单项广告活动策划

单项广告活动的时间较短，通常在一年之内，最短可至一个月；有明确单一目标的单项广告活动，讲求实效，通常只面对一个产品，或者一个地区，甚至某一个经销商；涉及的媒体数量也很少，媒体组合简单。整体来说，由于此类广告活动侧重于具体的行动方案，所以，广告活动的策划有较强的独立性。

2. 广告运动策划

广告运动，又称广告战役，是广告主基于长远的广告战略，在较长的时期内持续展开的围绕明确统一主题的一系列广告活动。它是更加宏观的统筹规划，目标往往是企业或品牌或商品的长期发展；广告运动的周期通常在一年以上，涉及的地理范围比较大，通常包括所有既有市场和潜在市场，以及企业供应商和经销商的渠道推广；运用到的媒体种类和组合也非常丰富，广告投入的费用也较大。与单项广告活动相比，广告运动的策划庞大复杂，受到外界因素的影响也大。

(二)根据广告策划的目的划分

在广告策划中，尤其是广告活动的策划，由于是针对某一个单一的广告目标，所以广告策划的种类分为促销广告策划、上市广告策划、危机广告策划、形象广告策划、经销商广告策划、劝服广告策划、活动广告策划……不同目的的广告策划在时间长度、反应速度、投放量、投放时段(版面)、媒体选择、费用等具体方面也会有所不同。

(三)根据广告策划的对象划分

虽然我们所说的大部分广告是针对普通消费者的，但是并不是所有的商品都是卖给普通大众的，也不是所有的广告都是直接面对消费者的。广告更多的是起到再次提醒、维护、提升购后满足感的作用，开发客户方面主要还是依靠人员推销等其他营销手法。而大众消费品的经销商也非常重要，在营销学中，我们将促销分为拉式促销和推式促销，拉式促销的原理是针对消费者大做广告，将他们"拉"到销售点购买；而推式促销则是针对经销商的折扣、大批量购买的额外折扣、提供促销品等优惠活动，通过给予他们更大的利润空间而由他们降价，"推"动销售。所以，针对"拉"和"推"的广告策划自然不同：前者通常利用大众媒体，广泛地制造热烈气氛，注重对产品或服务优势的强调和消费者将能够获得的利益的承诺；后者讲究准确的传达，不太用到大众媒体，而是倾向于直邮这类分众媒体，强调给予经销商的额外利益。

思考题

1. 简述广告创意的含义和广告策划的含义。
2. 简述广告创意与策划的特征。

第二章

广告目标

引例及思考

在保健品和化妆品领域战绩辉煌的江苏隆力奇集团在刚进入洗化市场过程中,首先确立了明确的广告目标——建立品牌知名度,引发市场关注。

经过对目标消费者的生活形态和消费心理的研究,决定以"阿庆嫂"为品牌名,塑造了一个人性化品牌角色,将品牌角色融入消费者的生活和情感中。在广告表现策略上,为配合"阿庆嫂"洗衣粉上市,推出了"奔走相告"广告。创意是通过一群人奔走相告"阿庆嫂来了",以重复多达6次的"阿庆嫂"品牌名称,迅速建立知名度并引起消费者关注。大家奔走相告,全部去迎接"阿庆嫂"。对于观众来讲,一般都认为是欢迎"阿庆嫂"这样一个人物,等创意包袱一打开,原来大家奔走相告热烈欢迎的是"阿庆嫂"洗衣粉!通过"误解"这样的创意方式,表现了"阿庆嫂"洗衣粉受欢迎的程度。故事继续演绎,大家一哄而上,直到把小商店刚到货的洗衣粉一抢而空,逼迫小店老板马上补货,生意好,供不应求。无形间迅速建立了品牌知名度,拉近了消费者与品牌的情感距离,建立起了品牌的好感度,同时强化了对渠道的刺激,鼓励经销商积极地去完成企业营销前期目标任务,并为后期目标的实施做好铺垫。

从以上案例可以看出,在进行广告策划时,当完成了对广告市场的调查分析,找到了企业或产品的问题点或机会点,接下来就是围绕企业的问题点或机会点制订广告目标。

第一节 广告目标的概念

一、广告目标的含义及特性

(一)广告目标的含义

广告目标(advertising objective)是指企业广告活动所要达到的预期目的。确定广告目标是广告计划中至关重要的起步性环节,是为整个广告活动定性的一个环节。就如同我们日常生活中所做的事情一样,都要在以达到一个目标的前提下去完成。有目标才有行动的方向。广告活动也一样,目标确定后,才能开始确定广告传达信息的内容、广告媒体的选择、广告时间的安排、广告投放量,等等,以便之后进行的广告活动能达到我们开始所期望的目的。

【案例2.1】 Honda Acura 的广告目标

20世纪70年代,日本本田公司在美国推出了 Civic、Accord;90年代初,公司决定推出高一档的讴歌(Acura),与 Benz、BMW、Volvo 等豪华车相竞争。

公司设定的广告目标是,通过一年的宣传让年度购买豪车的70万人中,有75%的人知道有 Acura 这款车。

让"知道"的人中,有75%的人了解它是豪华车中技术先进、驾驶方便的车。

让"了解"的人中,有75%的人相信它是质量好、可信赖的车。

让"相信"的人中,有75%的人产生试车的欲望。在这些产生试车欲望的人中,有50%的人去销售点试车。

当年确定的销售目标是58 000辆,而实际销售了52 900辆。

(二)广告目标的特性

一般来说,成功的广告目标必须具有下列一些基本特性。

1. 精确性

广告目标要精确地反映出广告所要引起的消费者反应的变化程度,如在一年内提高品牌知名度20%。至于这个变化程度是多少,要根据营销目标、消费者对广告品牌已有的了解程度及态度等因素而定。

2. 具体性

广告目标还应明确说明广告主希望向目标受众传达什么信息来实现该目标,否则就无法为广告文案创作者提供指导。

3. 单一性

一般来说,一个广告所要达到的目标应该只有一个。如果目标太多,广告传递的信息重点太多,易使消费者混淆,广告效果将大打折扣。例如,一个有吸引力的广告虽然能成功地引起人们的注意,但其说服力可能很差。明星广告虽然能引起很多人的注意,但有时并不利于广告信息的传达,因为人们将注意力放在广告人物上,而不是广告所要传递的信息上。因此,一般来说,不能用一个广告来完成多个目标,而必须创作多则广告,通过广告战役,逐步实现广告的各个目标。

4. 可测性

广告目标是测量广告效果的标准。如果广告目标不能测量,则广告主无法知道广告是否达到了预期的目标,广告创作人员也无法判断广告创作是否成功。例如,根据消费者能否说出广告品牌名称,或能说出广告品牌名称的人数百分比,就可测量品牌知名度这一目标的实现程度,判断广告创作是否有助于实现广告目标。

5. 时间性

制订广告目标的最后一步是规定广告目标要在多长时间内完成。目标实现期限随广告目标的大小、难易,可长可短,大多数广告的实现期限是从几个月到一年。一般来说,提高品牌知名度的广告目标可在较短的时间内,通过向目标受众广泛、反复宣传来实现;而产品重新定位需要改变消费者对广告品牌已有的形象知觉,就需要较长的时间。

6. 可行性

广告目标必须切实可行,是在激烈的市场竞争情况下、在一定的广告经费支持下能够实际达到的目标。如果目标定得太高,不能完成,广告主就会有挫折感,甚至产生广告无用的想法。

二、广告目标的内容与层级结构

(一)广告目标的内容

广告的任务是:加深消费者对产品的认识,改变消费者的态度,或者仅仅让品牌在消费者心中留下印象。基于此,广告目标的主要内容有:

1. 从其他品牌吸引顾客

首先,找出竞争对手中品牌忠诚度较低的顾客,将购买其他品牌而不购买本品牌的顾客群体中的部分顾客转为现在购买本品牌的顾客。其次,寻找未来具有销售增长潜力的竞争对手,吸引其主力顾客,使他们成为本企业品牌的新顾客。

【案例2.2】 ctf2,周大福品牌旗下的"年青新一代"

周大福在80年的发展历程中始终推动着珠宝业的时尚潮流,以多元化的产品线路引领首饰消费风向。针对年轻时尚族群日益增长的需求，周大福特别推出新一代产品——ctf2。"ctf"是周大福英文名称"Chow Tai Fook"的首字母，"2"是第二代之意。另一含义是对产品和服务的承诺：c=charming，即以优越的产品及服务助顾客展现内在的魅力；t=taste，即提供创意及多元化的选择，突出顾客独有的气质及品位；f=fashion，即产品款式新颖独特，搭配各类衣着让顾客轻松建立时尚形象；2=new generation，即演绎新一代潮流配饰的崭新概念。ctf2传承了周大福真诚服务的价值观念和引领时尚创新思维，更拥有周大福优越的生产技术及各项资源。2001年起设立专营店铺及专柜，现已发展逾250家。ctf2正以备受瞩目的品牌实力，标新年青的时尚精神。

2. 从其他产品吸引顾客

这种广告目标适合于市场份额较大、分销渠道广、销售能力强、知名度高的大企业，但不适合一些知名度、美誉度低的小企业。例如，百事可乐通过开发一种咖啡因含量更多的可乐品种——"早间可乐"，来吸引那些在早晨喝咖啡的年轻人，这比从可口可乐消费群体中吸引顾客更加容易。

3. 增加市场份额

一些顾客可能不断地在本品牌与其他品牌之间转换，依据价格等因素在各品牌之间调整自己的购买量。因此，企业可采取相应的办法使顾客对本品牌更加偏爱，从而增加品牌的需求份额。

4. 增加品牌忠诚度

广告的重要目标之一是增强已有的顾客忠诚度。通过广告不断加深顾客对商品和服务的理解记忆，传递品牌核心利益，让顾客长期地、持续地保持品牌偏好。

5. 增加品牌使用度

增加使用度包括增加消费量、增加使用机会和缩短购买周期等。对于食品、饮料、日用消费品的领导品牌来说，增加已有顾客对品牌的使用度，可以扩大销售、取得规模效益，是可行的广告目标。

（二）广告目标的层级结构

1. 一级广告目标：信念

信念是指消费者对产品有关利益、属性、特征的认识、理解和知识。信念目标基于产品的客观属性，具有理性特征。企业通过广告向消费者传播产品的有关知识来影响消费者的产品信念，进一步与其他企业的同类产品相比产生属性偏好，最终确信购买本企业产品是其最佳选择，即产生信服，至此完成广告的劝服功能。这个过程基本上基于客观的资讯，用事实说话，支持消费者理性思考和选择，因而，该广告路径亦可以称为理性广告目标策略。

2. 二级广告目标：态度偏好

态度偏好与属性偏好的区别在于，后者是以产品或品牌的客观性利益为基础的，而前者则是以消费者的情感、爱好、价值观等非理性因素为基础的。如情感，以消费者的情感反应为目标，通常只包括很少的信息或者不包括信息内容。与以信息为中心的理性广告相比，情感广告通常是以运作为中心的，并且依赖于感觉、感情和情绪的建立，以及品牌与感觉、感情及情绪的联系。

3. 三级广告目标：信服

这是消费者决策最关键的因素，信服基于消费者对各种备选方案的价值与成本的比较分析，无论是理性广告目标，还是非理性广告目标，信服是一个终极目标变量。理性广告通过传播有关产品或品牌的利益和属性影响消费者的信念，并进一步形成属性偏好，最终影响消费者的价值判断。非理性广告通过各种非理性因素建立消费者与品牌之间的联系，最终有效地影响消费者的价值判断。

三、广告目标的分类

根据不同的划分依据，广告目标可以分为不同的类型。

(一)广告目标的一般分类

可供企业选择的广告目标很多,大致可分为以下三类。

1. 提供信息

提供信息即企业通过广告活动向目标沟通对象提供种种信息。诸如告诉目标市场将有一种新产品上市行销,介绍某种产品的新用途或新用法,通知社会公众某种产品将要变价,介绍各种可得到的劳务,纠正假象,说明产品如何使用,减少消费者的顾虑,建立企业信誉等。以向目标沟通对象提供信息为目标的广告,叫作提供信息的广告,又叫作开拓性广告。这种广告的目的在于建立基本需求,即使市场需要某类产品,而不在于宣传介绍某种品牌。

例如,白加黑——治疗感冒,黑白分明。一般而言,在同质化市场中,很难发掘出"独特的销售主张"(USP)。在感冒药市场中,同类药品甚多,层出不穷,市场已呈高度同质化状态,而且无论中、西成药,都难以做出实质性的突破。康泰克、丽珠、三九等"大腕"凭借着强大的广告攻势,才各自占领一块地盘,而盖天力这家实力并不十分雄厚的药厂,竟在短短半年里就后来居上,关键在于其崭新的产品概念。1995年,"白加黑"上市仅180天销售额就突破1.6亿元,在拥挤的感冒药市场上分割了15%的份额,登上了行业第二品牌的位置,在中国营销传播史上,堪称奇迹。这一现象被称为"白加黑"震撼,对营销界产生了强烈的冲击。

这是一个早期导入型广告,根据对顾客群体的分类和对感冒药市场的分析可知,这则广告的目标在于使顾客熟悉并懂得如何使用产品,进而从其他品牌吸引顾客和增加市场份额。它向广大的广告受众详细地介绍了白加黑区别于市场上的普通感冒药的用法,并确定了干脆简练的广告口号——"治疗感冒,黑白分明",所有的广告传播的核心信息是"白天服白片,不瞌睡;晚上服黑片,睡得香。"产品名称和广告信息都在清晰地传达产品概念,从而最终使得产品深入消费者的内心,得到了消费者的认可。

2. 诱导购买

诱导购买即企业通过广告活动建立本企业的品牌偏好,改变顾客对本企业产品的态度,鼓励顾客放弃竞争者品牌转而购买本企业品牌,劝说顾客接受推销访问,诱导顾客立即购买。这种以劝说、诱导、说服为目标的广告,叫作诱导性(或说服性)广告。这种广告的目的在于建立选择性需求,即使目标沟通对象从需要竞争对手的品牌转向需要本企业的品牌。在西方国家,有些诱导性广告或竞争性广告发展为比较广告,即广告主在广告中拿自己的品牌与若干其他品牌相比较,以己之长,攻人之短,以宣传自己品牌的优越性。

例如,"如果说人生的离合是一场戏,那么百年的缘分更是早有安排。"这不仅是百年润发的一句广告语,更是一种意境、一种美好情感的凝聚,而且温情中展示着要树百年品牌的决心。它不仅道尽了人们对美好事物的向往,而且将意境与情感、商业与文化、品牌与明星完美地融合,堪称经典。在洗发水市场上我们可以看到存在很多的营销概念:去屑、柔顺、防脱等。商品品牌更是令人眼花缭乱:清扬、飘柔、海飞丝等。要想在这个宝洁、联合利华两强相争的市场上分一杯羹实属不易,但百年润发独辟蹊径,寻找到一块属于自己的新大陆,而且是比对手更精彩、更长远的制高点——"植物一派"。所以,百年润发的立足点比对手更高远,它不光立足于现在,更放眼于未来。"植物"又是竞争品牌的弱点、诉求上的空白点,挖掘到别人没有开采的"金矿",而且含天然植物、中草药成分正是奥妮的最大特色,这本身就很精彩;加之百年润发在广告中演绎的一场柔情、浪漫,在品位上当然要比吵吵嚷嚷的裸露叫卖卖得高雅。

百年润发的广告案例中,周润发百年润发广告篇在京剧的音乐背景下,给观众讲述了一个青梅竹马、白头偕老的爱情故事。男女主人公从相识、相恋、分别和结合都借助于周润发丰富的面部表情表现了出来:爱慕状、微笑状、焦灼状、欣喜状。而白头偕老的情愫是借助于男主人公一往情深地给发妻洗头浇水的镜头表现出来的。基于对中国传统文化的理解,百年润发在当时洋品牌占据洗发产品半壁江山的局面中找到了一个缝隙。从古至今,5 000年的中国文化一直推崇的都是白头偕老、忠贞不渝。百年润发正是利用这一市场空隙,以京剧、二胡等典型中国传统文化作为背景,唤起了国人对该品牌的好感,突出文化气质,赋予产品以丰富的联想,增强了广告作品的震撼力和感染力。巧妙地借用"百年"洗发的浓浓深情,表现"青丝秀发,缘系百年"的美好境界,足以给人强烈的震撼。

3. 提醒使用

提醒使用即企业通过广告活动提醒消费者在不远的将来(或近期内)将用得着某产品(如秋季提醒人们不久将要穿御寒衣服),并提醒他们可到何处购买该产品。这种广告的目的在于使消费者在某种产品生命周期的成熟阶段仍能想起这种产品。例如,可口可乐公司早期在淡季耗费巨资在杂志上做彩色广告,其目的就是要提醒广大消费者,使他们时时刻刻不要忘记可口可乐。还有一种与此有关联的广告形式叫作加强性广告,其目的在于使现有用户确信他们所做出的选择是正确的。例如,美国汽车制造商常常用广告描述其顾客对于他们已购买的汽车很满意,以加强其他顾客对其汽车的购买选择。

(二)按广告目标效果划分

1. 促进销售的目标

广告促进销售,这是广告最基本的功能,也是最重要的功能之一。以促进销售为目标的广告不拘泥于任何创意形式,目的在于达到销售量。

2. 改变消费者的态度和行为的目标

这一类广告多在于实现社会公众普及和媒体传播目的,当广告目标不能直接以最后销售量为标准制订时,可把消费者某种行为上的活动类型作为一种广告讯息效果的测定标准。

3. 建立社会效果

这一类广告多为公益广告题材。但是,一个广告对于社会公众能够产生什么样的影响,必须综合研究和详细分析。

(三)按广告在市场营销不同阶段的作用划分

1. 创牌广告目标

创牌广告目标在于开发新产品和开拓新市场。

2. 保牌广告目标

保牌广告目标在于巩固产品在市场上的占有率,并且在此基础上进一步开发潜在市场和刺激购买需求,加深社会公众对于已有商品的认识,促使既有消费者养成对本企业商品的消费习惯,促使潜在消费者对本企业商品产生兴趣和购买欲望。

3. 竞争广告目标

竞争广告目标在于加强企业及其品牌的竞争力,提高产品的市场竞争能力。

(四)按不同的产品生命周期阶段划分

按不同的产品生命周期阶段进行划分,广告目标可以分为导入期的告知信息型广告目标、成长期的说服受众型广告目标、成熟期的保持品牌型广告目标和衰退期的提醒型广告目标。

1. 导入期的告知信息型广告目标

因为此前市场上从未出现过同类产品,所以广告内容必须是说明性的。告诉受众新产品的用途、性能、使用方法等,从而在受众的头脑中注入新产品的信息,制造新的需求;对受众可能出现的疑问做出解释,如是否安全、可以达到什么样的功效等,以减少消费者的顾虑。经过详细的介绍让受众准确认识产品。

以向目标受众提供信息为目标的广告,叫告知型广告。这种广告的目的在于传达新产品的信息,介绍产品的用途、性能、使用方法等,使市场产生对某类产品的需求。其目的首先是介绍产品的物理性能,其次才是传播某种品牌。

2. 成长期的说服受众型广告目标

在经过导入期的传播后,市场上的某类产品开始越来越多地被受众认识和接受,此时其他竞争品牌开始疯狂涌现,广告的目标在于配合促销、公关等活动以取胜于市场,所以广告目标偏向从无到有地建立起品牌形象和说服受众购买自己品牌的产品。

企业通过广告活动使受众对本品牌产生偏好,改变受众对本品牌的态度,鼓励受众转向本企业品牌产品,让品牌拥有市场竞争力,这种以说服为目标的广告,叫作说服型广告。这种广告的目的在于建立选择性需求,即使目标沟通对象从需要竞争对手的品牌转向需要本企业的品牌。

3. 成熟期的保持品牌型广告目标

在成熟期,市场竞争激烈但局面已相对稳定,受众对品牌已经有了一定认识和偏好。广告的目的不再只是树立形象和说服,同时还要不断强化品牌的良好形象,在维护原有顾客的同时深入开发潜在顾客,使品牌推迟进入衰退期。

企业离开对产品的单独传播,转向通过广告活动在公众脑海中建立企业友好、公益心强、有助于社会发展或者其实力强大的形象,这种广告被称为形象型广告。这种广告虽然没有直接传播企业产品,但是在建立良好的企业形象的同时能够使受众爱屋及乌地对企业产品产生好感,提升忠诚度。

4. 衰退期的提醒型广告目标

产品到衰退期后,原有顾客或转向其他品类,或继续使用本类产品。留下来的顾客忠诚度往往相对较高。此时的广告以提醒为主要目的,以使得顾客能够记得本品牌产品,也提醒顾客购买本品牌产品。

(五)按目标的不同层次划分

按目标的不同层次划分,广告目标可以分为总目标和分目标。

(1)总目标从全局和总体上反映广告主所追求的目标和指标。

(2)分目标是总目标在广告活动各方面的具体目标,如广告目标可以分解为产品销售目标、企业形象目标、信息传播目标、预算目标等。

【案例2.3】 "×××牌洗衣粉"广告目标

某公司为推动"×××牌洗衣粉"的销售,争夺并拓展苏南市场,制订了2017年广告目标。

一、广告总目标

经过本年的广告攻势,在苏南消费者心目中初步建立"×××牌洗衣粉"的知名度和好感度,并且能在苏南市场站稳脚跟,与上海某知名品牌分割市场,获得15%的市场份额。

二、广告分期目标

1. 扩销期(2017年4—6月),主要任务是吸引消费者对"×××牌洗衣粉"的注意;培养零售主的推荐率,初步树立品牌形象,引导消费者了解超浓缩产品,在上年的基础上扩大市场。

2. 强销期(2017年7—10月),深度引导消费者,塑造对品牌的依赖感和好感,分割市场。

3. 补充期(2017年11月至次年春节),以各种软性活动,在淡季维护产品的热度,为来年的销售高潮做准备,树立完整的品牌形象。

"×××牌洗衣粉"在清楚、明确的广告总目标及依次推进、各有侧重的广告分期目标的引导下,协调各方关系,运用各种广告策略,于2017年底顺利完成了总目标任务。

(六)按目标所涉及的范围划分

按目标所涉及的范围划分,广告目标可以分为外部目标和内部目标。

1. 外部目标

外部目标是与广告活动的外部环境有关的目标。如:市场目标,包括市场占有率、市场覆盖面、广告对象等;计划目标,包括销售量目标、销售额目标、利润率目标等;发展目标,包括树立产品和企业形象、提高知名度和美誉度、企业生存和发展等;竞争目标,包括与主要竞争对手相比较的广告投放量、媒体投资占有率、广告出现频率、总收视率等。

2. 内部目标

内部目标是指与广告活动本身有关的目标。如:广告预算目标,包括投入与产出的目标;质量目标,包括广告传播的创意、文案、制作等;广告效果目标,包括广告的传播效果、销售效果等。

(七)按目标所涉及的内容划分

按目标所涉及的内容划分,广告目标可以分为产品销售目标、企业形象目标和信息传播目标。

(1)产品销售目标是指广告活动促使消费者产生对某种产品的购买行为的目标。

(2)企业形象目标则是树立企业形象,提高企业整体知名度和美誉度的目标。

(3)信息传播目标则是规定广告信息在传播过程中对消费者产生影响所需要的程度的目标。

(八)按目标的重要程度划分

按目标的重要程度划分,广告目标可以分为主要目标和次要目标。主要目标涉及全局,是广告活动的重点,要全力以赴。绝对不可放弃主要目标,而追求次要目标。在一定条件下,为了整体利益,在广告传播中宁愿放弃次要目标,也要保证主要目标的实现。

(九)按目标的期限划分

按目标的期限划分,广告目标可以分为长期目标、中期目标和短期目标。目标一旦确立,就必须确定实现目标的指标和期限,以使目标可以控制和执行。例如,广告传播3个月,产品知名度达到70%,等等。若某项目标无法计量,则应采用"项目进度表"的方式表明目标实现的程度。例如关于树立产品形象的目标,企业在1个月内收到消费者对某一产品不满和疑虑的信件、电话共100件,经过一定时间的广告传播,消费者不满和疑虑的信件和电话减少到15件,消除不满和疑虑的信件和电话为50件,甚至对该产品有了好感而增强了信心的信件和电话为35件。通过广告传播前后对比的方式,表明树立产品形象这一目标实现的程度。当然,树立产品形象的前提在于产品质量和售后服务水平的提高。

第二节 广告目标与营销目标

一般来说,广告目标应是广告作用的直接结果,是通过广告本身就可以实现的目标。广告活动服务于营销活动,制订广告目标时,要围绕营销目标制订。但是,在实际操作过程中,我们发现很多企业经常将广告目标和营销目标混淆,对两者不加以区分。这对广告活动的运作是有害的。

广告目标就是整个广告活动要达到的最终目的。它的宗旨是为企业传播信息,以使企业增加销售机会和利润,扩大社会影响。广告目标通常以消费者的反应变量,如品牌知晓、品牌认知、品牌偏好等来表示。

营销目标是指企业进行营销策划时所要达到的目标。它包括财务目标(由利润率、销售额、市场占有率、投资收益率等组成)和营销目标(财务目标须转化为营销目标才能达成),营销目标通常用销售额及其有关的指标,如市场占有率、利润率或投资回报率等指标来表示。例如,某一品牌产品的营销目标是将销售额提高30%,

而为实现这一目标服务的广告目标应是：①提高品牌知名度到90％以上；②提高品牌认识度到70％；③提高品牌偏好到40％；④提高尝试购买率到35％以上、品牌忠诚（再购买率）到20％。

对广告经理来说，了解广告目标与营销目标的区别与联系是非常重要的。在制订了营销目标后，广告经理必须善于将营销目标转化为广告目标，或制订出有助于实现营销目标的广告目标。

一、广告目标与营销目标的区别

在广告实践中，广告主大都混淆了营销目标与广告目标，将销售额作为广告目标。例如，如果一家公司的营销目标是在一年内将销售额提高20％，广告主便将这个营销目标作为广告目标。结果，这个目标能否实现就成了衡量广告成败的唯一标准。在许多广告主看来，花钱做广告就是为了提高销售额。离开销售额，任何广告目标都没有意义。如果不能提高销售额，广告也就失去它存在的意义。这种观点的错误在于，混淆了营销目标和广告目标，看不到其他营销组合变量对销售额的制约和影响作用，从而过分夸大广告的力量。

一年后，如果这家公司的销售额还停留在原来的水平上，甚至有所下降，是否就可以不问青红皂白，将之归罪于广告呢？当然不能。在营销史上，因产品、价格等因素造成的营销失败是不乏先例的。就拿美国"苹果"公司来说，该公司于20世纪80年代末首次推出的便携式电脑，就曾因产品和价格因素而惨遭失败，不得不停止生产。经过3年的艰苦奋斗，才于1991年再次进入便携式电脑市场。在营销史上，伴随滞销产品的获奖广告或伴随畅销产品的平庸广告也有不少。因此，销售额的提高并不一定意味着广告的成功，销售额的下降也并不一定意味着广告的失败。销售额不是一个合适的广告目标。具体来说：

（1）营销目标是销售产品，而广告目标是销售信息。

营销目标是为了销售产品而服务，具体表现为市场占有率、销售额、利润额、销售量、投资收益率等。为了达到销售产品的目标，可以采用产品策略、价格策略、分销策略和促销策略。

广告目标是销售信息。广告要解决的有两大问题：一是想办法让消费者注意、了解企业的产品，提高产品的知名度和美誉度；二是说服消费者产生购买行动。可以通过改变消费者观念、教育消费者、让利销售的广告活动、生产出新产品、刺激消费者的购买欲望等来实现。无论是让消费者注意、了解产品，还是说服消费者产生购买行动，广告始终扮演着与受众沟通的角色，这就是传达信息，或者说是销售信息。

（2）广告可以促成营销目标的实现，但广告本身并不能达到销售目的。

广告活动是为营销活动服务的，可以促进营销目标的实现。但是，广告本身并不能达到销售目的，它只是促进销售的一种重要手段。促进产品销售的途径有很多，除了做广告外，还需有好的产品，制定合理的价格，选择适合的分销渠道，联合一些促销活动，做好与公众的沟通工作等。广告只是促进产品销售策略中的一种。

（3）广告目标要求延时效果，营销目标是即时效果。

营销目标可以通过销售额、利润率等表现出来，有没有达到营销目标，是可以在一个限定的时间内表现出来的。比如第一季度，营销目标是使企业某品牌销售量达到1000万份，结果一个季度过去后，销售量达到1200万份，这就表示已达到了营销目标。营销目标是即时效果，能在规定的时间内表现出来。

而广告的效果可能难以在很短的时间内显现出来。有些时候，企业广告投放策略，计划投放一个月，结果一个月过去，产品销售并没有很好的起色。这不能表示广告就没有效果，广告的效果可能在若干个月之后表现出来。我们现在还能想起"车到山前必有路，有路必有丰田车"的广告，证明广告效果是有很长时间的延时性的。

（4）广告目标是无形的结果，营销目标是有形的结果。

好的且有创意的广告投放之后，其效果不仅能在近期内显现出来，而且在未来很长一段时间内都会有影响。雀巢咖啡的那句广告语——"味道好极了"，是在20世纪80年代末投放的广告，到现在我们还能记住它。广告目标要求的是无形的结果，而营销目标在规定的时间有没有完成，是马上可以测得出来的，可以通过销售额、利润率等表现出来。

二、广告目标与营销目标的联系

1. 结构关系

广告目标与企业营销目标在结构上的关系可通过把两者置于企业这个大系统之中来获得清晰的认识。企业作为社会的一个组织,它有很多目标,如政治目标、经济目标、文化目标等。在这些目标中又有许多次级目标,如经济目标又可分为产值目标、利润目标、资金目标,等等。每级目标的实现都应有次级目标做保障。例如,利润目标的实现,须有营销目标做保障,没有营销活动,企业就不可能实现利润目标。营销活动一般涉及市场、产品、价格、广告和渠道等方面,因而企业营销目标的实现也必须依赖于市场目标、产品目标、价格目标、广告目标和渠道目标。可见,广告目标是企业营销目标的一个组成部分(见图2-1)。

图 2-1　广告目标与营销目标结构关系图

2. 逻辑关系

从逻辑上观察事物,就是观察事物存在的原因和条件。世界上没有孤立存在的事物,广告目标也不例外。产品广告的出现源于企业对该产品的推销。当然,产品的推销不是盲目的,它是有计划、有目的地进行的,这就需要制订产品目标和计划,而产品目标和计划的制订是在总的营销目标下进行的。于是,有了下面的逻辑顺序:先制订营销目标,再制订产品目标,最后制订广告目标。这里需要指出的是,广告目标和产品目标在营销目标中是同等级的目标,但在确定两种目标时存在逻辑顺序差别。

3. 隶属关系

从隶属关系来看广告目标与企业营销目标的关系对搞好广告工作更具实际指导意义。在前面的结构关系中已表明,在企业营销目标中,除广告目标外,还有市场目标、产品目标、价格目标和渠道目标。因而广告目标是由企业营销目标所决定的,它必须服从和服务于企业营销目标。换言之,广告目标要以市场情况、产品档次、价格水平和销售渠道为依据,使之在方向、内容、时间和空间等各方面同企业营销目标保持协调,促使企业营销目标全面实现。

第三节 广告目标的制订

广告目标的确定,不能以僵硬的方式,进行教条化操作,一定要结合企业产品、市场竞争做出判断。进一步来说,广告策划者要做的就是把这一选定的目标尽量地加以具体化、数字化,力求准确表述,以便有针对性地制定策略。有时似乎面临着多种情况,每一种情况的改观都可能产生良好的反应,但一个广告运动不可能同时突出多项目标,这就要求有所取舍。广告也是一个经营过程,要找到核心所在,要衡量投入产出比,经过全面评价,最终设定合理的目标。

一、制订广告目标的要求

广告目标是广告策划活动所要运作的方向和实现的目标,也是评定广告效果的标准。广告目标的确定是否得当,关系到广告计划的制订和实施,关系到广告效果的好坏,也直接影响到企业的经济效益。因此,广告目标的确定要遵循科学的原则,要注意以下几个要求:

1. 符合企业整体营销的要求

广告不是一项独立的活动,而是企业营销活动中的一种促销手段,是企业整体营销活动中的一项具体工作,是企业营销目标在广告活动中的具体化,所以,广告目标必须在企业整体营销计划的指导下确定。广告目标要反映出整体营销计划中的考虑重点,如广告产生影响的范围、时限、程度等,以便使广告运动配合整体营销活动。

2. 清楚明确,可以被测量

广告目标将会成为广告主同广告公司之间相互协调的宗旨、一系列广告决策的准则以及最后对广告效果进行测定的依据,所以,广告目标不能够含含糊糊、模棱两可,使得人们可以对其肆意加以解释。对广告目标的确立要求清楚明确,可能还是一个容易实现的要求,要求广告目标可以被测量,就有一定的困难了。广告目标无法被测量,最大的缺点就是无法准确地评价广告的效果。因此,广告主应尽可能在广告运动规划之前,将广告运动的目标具体化,使得人们可以以一套公认的标准对其进行测量。当然可测量不一定是严格地要求广告目标定量化,可测量是要求广告目标具有可以明确进行比较的性质。

3. 切实可行,符合实际

广告目标虽然主要由广告主来确定,但是广告活动是集团与个人相互协调的产物,这就要求广告目标必须切实可行、符合实际。也只有切实可行、符合实际的广告目标,才能保证广告运动的顺利进行。

4. 要有协调性

广告活动是企业整体营销中的一个组成部分。为了配合企业的整体营销活动,在确定广告目标时,既要考虑到它与企业的其他促销手段的协调,又要考虑到与企业其他部门的活动相协调,以有利于实现企业的营销目标。

5. 要有一定的弹性

广告目标必须明确,只有这样才能够起到指导整个广告运动的作用。但是,正因为广告目标要指导整个广告运动,所以必须考虑环境的种种变化对广告运动的影响。广告运动为了更好地配合整体营销的进行,可能会做出适当的调整。而这样的调整,应该是广告目标所允许的。因此,广告目标还应该具有一定的弹性。

6. 要考虑公益性

尽量将企业利益同社会利益结合起来,使两者相互促进,建立起符合社会利益的企业形象,这也是企业广告的最终目标。

二、影响广告目标制订的因素

在广告目标制订的过程中,影响广告目标形成的因素很多,概括起来主要有以下几个方面。

1. 企业经营战略目标

企业广告目标是企业营销目标的重要组成部分,而企业营销目标又是企业经营战略目标的分支表现。因此,企业经营战略决定了广告目标。广告有长期目标和为了实现长期目标而制订的相应阶段的短期目标。如果是长期渗透战略,即采用持久的广告手段和多种广告形式宣传企业和产品形象,如宝洁。如果是集中式战略,可采用短期目标、多种形式宣传产品的特点、好处,广告目标短期内即可实现。

2. 市场供求状况

企业商品处于不同的供求状态下,广告目标必然不同。商品供求状况有三种:供不应求、供过于求、供求平衡。在商品供不应求的情况下,广告目标在于进一步巩固企业与品牌形象,此时的广告活动有可能带动企业的系列品牌销售。在商品供过于求的情况下,应针对产品滞销的主要原因来确定广告目标。在商品供求平衡的情况下,广告目标应定在产品的促销上。

3. 商品所处生命周期的阶段

商品在市场上销售的过程,是商品的市场导入、成长、成熟和衰退的过程。商品销售在市场上处于不同的阶段时,所采取的广告目标必然有所不同。成长期:产品信息传播。成熟期:保证已有市场份额。衰退期:延缓产品的衰退。

4. 市场状态

市场状态是指市场上的垄断与竞争态势,可以概括为四种模式:纯粹垄断市场、寡头垄断市场、垄断性竞争市场和纯粹竞争市场。

(1)纯粹垄断市场模式,一个行业只有一家企业,如垄断了原料来源的企业、拥有专利权的企业及声誉极高的企业,广告目标比较明确。

(2)寡头垄断市场模式,指在存在大量消费者的情况下,由少数几家大企业控制了绝大部分的生产量和销售量。这个时候进行品牌定位是关键,广告目标一般应围绕品牌定位确定。

(3)垄断性竞争市场模式,指在一个行业中有许多企业生产或销售同种商品,每个企业的产量或销量只占市场供给量中的一小部分。在这种模式下,广告提高企业或商品知名度、熟悉感和认知等显得更重要一些。

(4)纯粹竞争市场模式,指一个行业中有非常多的生产或销售企业,它们都以相同的方式向市场提供同类的、标准化的产品,人员销售占主要位置,而广告退到次要的辅助位置上。

三、制订广告目标的方法

(一)科利的 DAGMAR 法

美国广告学家 R. H. 科利(Russell H. Colley)认为,广告的成功与否,应看它是否能有效地把想要传达的信息与态度在正确的时候、花费正确的成本传达给正确的人。为此,他在 1961 年提出了著名的"为衡量广告效果而确定广告目标"的方法(defining advertising goals for measured advertising results),我们称其为 DAGMAR

模式(达格玛模式),也称其为科利法。

DAGMAR法与传统广告目标制订方法的不同之处在于,DAGMAR法注重信息传播而非销售最终的变化,因为导致消费变化的因素实在太多了,广告只是其中很重要的组成部分。

DAGMAR效果模式如图2-2所示。

图2-2　DAGMAR效果模式图

1. DAGMAR模式的原则

(1)广告目标是记载营销工作中有关传播方面的简明陈述。这表明了只有广告才具有这种能力完成特定工作,而不包括与其他营销组合因素共同发挥作用。

(2)广告目标是用简洁、可测定的词句写成的。如果在一切有关广告人员中已经对期望广告所完成事项达成协议,将广告的目标书写出来并不是件困难而讨厌的工作。如果对广告目的尚未达成协议,那么在制作广告之前就要把广告目标找出来,而非在事后再找。

(3)广告的目标要得到创作与核准各部门的一致同意。制订计划与执行计划要分开。在花费时间和金钱执行计划前,需要在"说什么,对谁去说"上面协商一致。

(4)广告目标的制订,应当以对市场及各种购买动机方面精湛的知识为基础。它们是以缜密小心地衡量市场及各种购买动机为根据而表示出非常实际的期望。它们并不表示毫无事实根据的希望与欲望。

(5)基准点的决定是依据其所完成的事项能够测量而制订。心理状态——认识、态度与购买习性——要在广告刊播之前与之后加以鉴定,或者以广告达到者与未达到者之视听众比较。

(6)用来在日后测定广告成果的方法,在建立广告目标时即应制订。

2. 科利"6M"法

科利认为有效的广告目标是既明确又能测定的。因此,他建议一种"6M"方法,概述如下:

(1)商品(merchandise):我们所要卖的商品与服务其重要的那些利益是什么?

(2)市场(markets):我们所要影响的人们是谁?

(3)动机(motives):他们为什么要买或者不要买?

(4)讯息(messages):我们所要传达的主要想法、资讯与态度是什么?

(5)媒体(media):怎样才能达到这些潜在顾客?

(6)测定(measurements):我们提出什么样的准则来测定所要传达给特定视听众的成果?

3. "商业传播"的四个阶段

科利认为要测定广告讯息效果,广告运动计划者一定要能知道消费者在知觉、态度或行动上的改变。因此,科利提出了在一个传播过程中的层次阶段理论。

(1)知名(awareness):潜在顾客首先一定要对某品牌或公司的存在"知名"。

(2)了解(comprehension):潜在顾客一定要了解这个产品是什么,以及这个产品能为他做什么。

(3)信服(conviction):潜在顾客一定要产生一定的心理倾向并信服想去购买这种产品。

(4)行动(action):潜在顾客在了解、信服的基础上经过最后的激励产生购买行为。

DAGMAR法不仅可以作为设定广告目标的方式,还可以对许多设定广告目标的方式施以影响。与其他确立广告目标的方式有所不同的是,DAGMAR法更加注重于确立广告目标的具体内容,也就是更加注重于广告目标的明确性和可测定性,从而使广告目标的设定具体而又量化。比如我们假设要提高品牌S的知名度,用科利的方法则可以表述为:在3个月的时间内,使M区域中25~40岁的男性消费者,对品牌S的知名度由目前的

15%上升到75%。

简而言之,科利的方法就是设定一个数量,界定一群对象,限定一个周期。这种对广告目标的量化设定,有一个显而易见的优势:它使广告效果由模糊变为具体,由不确定变为可测定。值得注意的是,科利在提出广告目标时,是把它作为一种对广告效果的测量和评价的指标,这就使得广告目标不仅是广告运作起始的基准点,而且是调控和监测广告运作的依据。它不仅具有策略性指导价值,而且在广告活动中还具有调控性管理功能,尤其是对广告投入预算的确定更加有利。

当然,DAGMAR法未能描述现实生活中消费过程的全部,有时,冲动型的购买者的决策过程,并不符合DAGMAR法阐述的顺序,而且用DAGMAR法的时候,仍然无法排除由其他促销组合形成的有利于消费者采取购买行动的效果。

(二)莱维奇和斯坦纳的L&S模式

罗伯特·J.莱维奇(Lavidge)和加里·A.斯坦纳(Steiner)于1961年在美国期刊《市场杂志》中,提出了一种不同于DAGMAR理论的"从知名到行动的进展"层级模型(简称L&S模式)。这两位创始人提出的模式是这样的:广告可认为是一种必须把人们推上一系列阶段的动力源泉。

这一模式经由七大步骤实现(见图2-3):

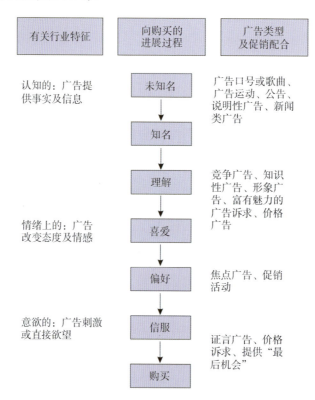

图2-3 从知名到行动的发展模式

第一,在最初阶段,人们完全不知道某种商品品牌或企业的存在。

第二,对产品的存在已经知晓,但离购买还有一大段距离。

第三,对产品进行了了解,开始接近购买。

第四,使产品与自身利益相联系,更接近购买。

第五,对产品产生偏好,离购买仅有一步之遥。

第六,产生购买欲望,相信购买为明智之举,开始行动。

第七,产生实际购买行为。

当然,L&S模式存在一定的缺陷,主要有以下几个方面:

第一,对于某些商品的购买,消费者可能并不按照这一模式进行,他们可能开始后就停止,或者可能做错然后重新开始。

第二,后面的阶段对前面的阶段产生影响。

第三,从知名到购买全过程可能在瞬间完成,尤其在低风险、低花费产品的购买上更为常见。

第四,有的消费者的购买行为可能完全不遵循这一规律,他们可能按照某种其他途径做出购买决策。

因此,沃恩在1980年将"从知名到行动的进展"模型进行进一步的修改,提出了修改后的层级模式(见图2-4),认为有些消费者在某些情况下,对某些产品可能遵循一系列的层级。图中虚线代表可改变结果的反馈。如果消费者违反正常层级顺序,右侧的其他决策形态便可对他们进行追踪。

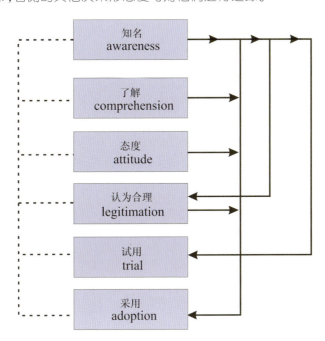

图2-4 修改后的层级模式

思考题

1. 影响广告目标制订的因素主要有哪些?你个人认同哪一种?
2. 结合广告个案,尝试为某一产品广告设定广告目标。
3. 请分析温胃舒、养胃舒的广告目标及其策略的得失:

斯达舒"胃酸、胃痛、胃胀,请找斯达舒帮忙"的广告语已经为大家所熟知,斯达舒这一广告策略可谓精明至极,几乎把胃病的所有症状一网打尽,让对手无懈可击。而从20世纪90年代开始投入广告的温胃舒、养胃舒近年来改变广告战略,矛头直指斯达舒,其广告表现如下:

首先出现的是一台正在播放广告的电视,传出我们熟悉的声音——"胃酸、胃痛、胃胀……"就在我们以为是斯达舒的广告时,一个人物出现,用手中的遥控器关掉电视,然后续上先前广告中的话,不过他的回答是:"分清寒热再吃药,胃寒请用温胃舒,胃热请用养胃舒。"

第三章
广告创意的表现原则及基本理论

伯恩巴克曾说道:"广告创意是赋予广告生命和灵魂的活动……一个化学家不必花费太多,就可以用化学物质堆砌成人体,但它还不是真正的人,它还没有被赋予生命力;同样,一个广告如果没有创意就不能称其为广告,只有创意,才能赋予广告以精神和生命力。"可见,创意是广告的灵魂和主体,必须要深入地了解广告创意的表现原则和基本理论。

第一节 广告创意的表现原则

广告创意是广告人员在对市场、产品和目标消费者进行市场调查分析的前提下,根据广告客户的营销目标,对抽象的产品诉求概念予以具象而艺术的表现的创造性思维活动。它不仅能够吸引消费者的注意力,还能够塑造企业的良好形象,提高消费者的审美意识。在进行广告创意的过程中,虽然需要极力发挥广告人的想象力,没有统一的固定模式,但要形成好的创意还是需要遵循一些基本的原则。

一、真实原则

在现代社会,消费者大多通过广告来认识企业的产品及服务。大多数情况下,广告是企业的代言人,广告的真实与否成为消费者判断该企业是否诚信的重要依据,因此,企业在进行广告表现时首先要遵循真实原则。离开了产品或企业的真实状况,任何广告都只能在短暂的时期内吸引消费者的注意,而不能够在消费者中形成较高的品牌忠诚度,因此,真实性是第一位的,艺术性是第二位的。

在广告创意中表达商品的性能、产地、用途、质量、价格、生产者、有效期限或服务的内容、形式、质量、价格等,必须真实、清楚、明白,而不是虚假的。在广告中使用的有关数据、统计资料、调查结果、文摘、引用语、实验证明,等等,也必须真实、准确。正如《中华人民共和国广告法》第四条规定:"广告不得含有虚假或者引人误解的内容,不得欺骗、误导消费者。"《中华人民共和国消费者权益保护法》第八条也明确规定:"消费者享有知悉其购买、使用的商品或者接受的服务的真实情况的权利。消费者有权根据商品或者服务的不同情况,要求经营者提供商品的价格、产地、生产者、用途、性能、规格、等级、主要成分、生产日期、有效期限、检验合格证明、使用方法说明书、售后服务,或者服务的内容、规格、费用等有关情况。"因此,真实性是广告创意的第一要义。

广告的真实性,是由广告这一宣传方式的特性所决定的。广告是向公众传递商品、服务和市场动向等方面信息的。广告所提供的信息,能起到引导消费、指导消费、满足消费者需求的作用。广告主通过一定的媒介"广而告之",其目的是促进销售或扩大服务,从中获得商业利益。如果广告所传播的信息不真实,不能够客观地反映商品或服务的性质与功能,将使消费者受到欺骗,并对其造成伤害,产生不良后果。

在我国,违反广告真实原则,发布虚假广告的,按照《中华人民共和国广告法》第五十五条规定应受到相应处罚:"由市场监督管理部门责令停止发布广告,责令广告主在相应范围内消除影响,处广告费用三倍以上五倍以下的罚款,广告费用无法计算或者明显偏低的,处二十万元以上一百万元以下的罚款;两年内有三次以上违法行为或者有其他严重情节的,处广告费用五倍以上十倍以下的罚款,广告费用无法计算或者明显偏低的,处一百万元以上二百万元以下的罚款,可以吊销营业执照,并由广告审查机关撤销广告审查批准文件,一年内不受理其广告审查申请。"因此,遵循真实原则也是法律的要求。

如某相声演员曾经代言的某减肥茶广告"三盒抹平大肚子,清宿便,降血脂……"在报纸、杂志、电视甚至公交车车身及站牌上都无处不在,但是在央视"3·15"晚会上,该减肥茶被揭穿了改头换面、虚构研制单位等惊人秘密。在调查中发现,该产品使用的商标是正在受理尚未批准的,而且该减肥茶冒用其他产品的相关批号和审批范围,被工商部门立案调查。由于广告对消费者会起到较强的劝导作用,说服受众认同并购买某种商品,因此,广告创意的过程中对商品的功能、产地、质量和获奖情况等必须提供真实的信息,否则将受到法律的惩罚。

二、简洁原则

简洁原则又称"KISS原则",即"Keep it simple sweet",意思是使之简单甜美。广告创意在坚持真实原则的基础上,要把信息传递给受众,就必须把复杂的问题简单化。因此,在广告表达中要经过思维的不断加工使传达的信息简洁、明了、清晰、切中主题,才能使受众过目不忘、印象深刻。广告大师伯恩巴克认为:"在创意的表现上光是求新求变、与众不同并不够。杰出的广告既不是夸大,也不是虚饰,而是要竭尽你的智慧使广告信息单纯化、清晰化、戏剧化,使它在消费者脑海里留下深刻而难以磨灭的记忆。"因此,如果在广告创意中刻意追求传达全部的信息,可能会让人抓不住重点,完全达不到预期的效果。特别是现代社会,生活节奏日益加快,信息大爆炸让人们眼花缭乱,而人的注意力是有限的,简单、明确的信息更容易让人们接受。回顾著名的经典广告,往往都是以简单的创意达到意想不到的效果。如可口可乐的广告"Enjoy Coca-Cole",雀巢咖啡广告"The taste is great",越南航空公司广告"Good morning, world!"等,都是比较成功的例子。

再如"不用吞服的安眠药"(舒眠乐)获得了第五届全国优秀广告作品展全场大奖(1997年),而打动评委们的是那两只"非同寻常"的枕头:广告画面的焦点集中在两只造型有别的枕头上,一只是皱巴巴的枕头,借喻主人辗转反侧的情形、失眠的痛苦;一只是平整饱满的枕头,借喻主人使用舒眠乐后可以获得平静、舒畅的睡眠。两只普普通通的枕头,简单对比,联想自然,理解容易,又不失含蓄委婉的味道,对失眠者来说,尤其有引起共鸣的震撼力,让人难忘。

另外,广东黑马广告有限公司创作的三九医药九华痔疮栓《屁股笑了篇》(见图3-1)也是一则创意精简、诉求准确的广告,该广告获得了第八届中国广告节平面类金奖。众所周知,痔疮药广告本身就难做,易雷同。但该则广告的创作者执简驭繁,避实就虚,慧眼独具,一下子捕捉了隐伏在产品和受众二者逻辑定理之下的潜在关联性,用毛笔勾勒了一道弯弯的弧线,将屁股(药品的治疗部位)和微笑嘴形(治疗后的肯定)同构在一起,通过超现实的重新组合,以反空间、反结构的异常面貌出现,在视觉上有强烈的吸引力,同时也使受众从心理、物理、生理诸角度引起新的联想和撞击。简洁的创意,让人一看就记住了,也都想试试这种疗效显著的九华痔疮栓。

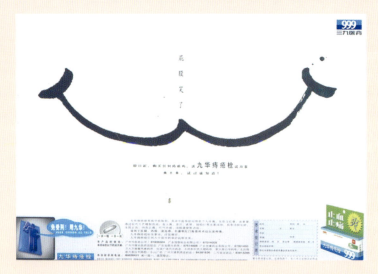

图3-1　九华痔疮栓《屁股笑了篇》

三、独特原则

广告创意是一种创造性的劳动,它以标新立异、推陈出新为其特点。广告创意不能够墨守成规、因循守旧,而应该独辟蹊径,才能吸引受众的注意力,激发人们强烈的兴趣,在消费者脑海中留下深刻的印象,达到较好的传播效果。据有关资料显示,被收看的电视广告中,只有 1/3 的广告能给观众留下一些印象,而这 1/3 的广告中只有 1/2 的内容被观众正确理解,这 1/2 之中仅有 5% 能在 24 小时内被观众记住。要想使广告获得成功,必须最大限度地吸引消费者的眼球,按照独特原则,推陈出新,即尽可能在自己原创的基础上拥有与众不同的独特卖点。要实现独特原则的要求,在进行广告创意时,就必须要有突破常规的勇气和智慧。

独特原则并非要求完全新颖,对别人的创作不能够有任何借鉴,而是要在模仿的基础上实现超越,具有自己的特点。独特性可以表现在创意的切入点,或者表现手法的独特,或者传播方式的独特,或者品牌形象的独特等。王老吉的成功就是一个典型的例证。为了要塑造自己独特的品牌形象,必须要突出自己的差异性。王老吉的卖点是"预防上火"和"送礼",但是这些都是该类产品的共同诉求,厂家要想突破,就必须在广告创意上运用独特性的原则为王老吉寻找一个独一无二的角度。经过反复考虑,他们在品牌精神上找到了突破口——利用王老吉独特的百年历史文化。在后期的创意表现(尤其是电视广告创意)中反复强调这一特征,并配合它的特点——预防上火、中医概念,使得王老吉具备了可口可乐、康师傅等饮料所不具备的特性,获得了巨大的成功。

基于广告的独特原则,著名的广告公司和广告人都非常注重广告的创意。例如,经济状况不佳的美国威乐福房屋预制公司,为扭转人们对预制房屋简陋和不牢固的印象,经过长久酝酿,推出一则广告:他们拍下了一只庞然大物——大象,脚踏着预制房屋却安然无恙。他们将这幅照片登在各大报纸和杂志上。广告文字写道:"大象走过也不倾塌的威乐福预制房屋",引起用户的极大反响,竟使该公司的销售额当月就猛增了三倍。这个杰出的广告还被新闻界誉为"建筑界最出色、最成功的一次广告"。[①]

四、共鸣原则

"共鸣"是指思想上或感情上相互感染而产生的某种情绪,它原本是一种物理现象。在众多广告中,要吸引观众的注意力,必须要勾起他们的情感和共鸣,即要触碰到观众心灵最深处的情感,产生"共振"。特别是随着我国市场经济逐步走向成熟,广告已由当初简单的摆事实、讲道理的"叫卖"方式转向了主攻消费者内心情感以寻找共鸣之处。好的广告要做到动之以情,打动观众的心,这样才能达到"润物细无声"的效果,走进观众的内心。纵观我们生活中的电视广告、平面广告、灯箱广告、车身广告等,大多突出"情感"二字,可见,广告创意中遵循共鸣原则是非常重要的。

春节是中国最重要、最隆重,也是历史最悠久、最热闹、最富有特色的传统节日,春节回家过年已经深深扎根在了中国人心中。近年来,许多企业利用春节创作广告,如可口可乐的《风车篇》《熊猫回家篇》《刘翔回家过年篇》,腾讯的《弹指间,心无间》等,都唤起了人们对家的眷恋和向往,并获得了很好的广告效果。而 2012 年春节,百事以微电影的形式推出了长达九分钟的新年贺岁广告片《把乐带回家》,更是引起了较强的反响。广告片中,讲述了一位老人在家准备好了一切,等着自己的儿女们回家过年,却接到三个孩子的电话,都有事儿不能回家,一位陌生人通过再现老人与孩子们的某些画面触发了孩子们内心深处的情感,孩子们纷纷放下工作、旅游,决定回家陪爸爸过春节的故事。该广告片一经播出,立即在网络上、论坛上、观众中反应强烈,在人们内心留下了深深的印记。广告中动人的温情,感人至深,深深触动了观众的心,唤起了许多在外奋斗的年轻人对家和亲人的真挚情感。因此,激发受众的情感共鸣,更能够达到好的传播效果。

---

① 浩知.独特的广告需要创意[J].中外管理,1996(4).

第二节　广告创意的基本理论

广告创意经过历代广告人的积累和发展,许多广告人的经验、观点、智慧积淀起来,形成了比较完整的理论体系。要对广告创意有深入的理解,首先就需要了解广告创意的基本理论。一般来说,广告创意比较经典的理论主要有 USP 理论、戏剧派理论、ROI 理论、定位理论、共鸣论、品牌形象理论、品牌个性理论等七大理论。

一、USP 理论

20 世纪 50 年代,美国著名广告大师罗瑟·瑞夫斯(Rosser Reeves)提出了一个具有广泛影响的广告创意策略理论。他在 1961 年写的《实效的广告》(Reality in Advertising)一书中对其进行了系统阐述。他认为,要想让广告活动获得成功,就必须依靠产品的独特销售建议(unique selling proposition,简称 USP,也有人称之为独特的销售主张)。USP 强调诉求应是"独具"的,是其他竞争品不具备或没有明示的,这符合市场变化的需要。

USP 的含义简单地说就是"人不能同时抓到两只兔子"。但是,很多品牌就是没有领会其中诉求的奥妙,希望在一则广告里把什么都说个够。总的来说,USP 理论包括三个方面的内容:

(1)明确的概念。每一则广告都必须向消费者说一个"主张"(proposition),必须让消费者明白购买广告中的产品可以获得什么具体的利益。

(2)独特的主张。所强调的主张必须是竞争对手做不到的或无法提供的,必须说出其独特之处,在品牌和诉求方面是独一无二的。

(3)实效的销售。所强调的主张必须是强有力的,必须聚集在一个点上,集中打击、感动和吸引消费者购买相应产品。

该理论指出,在消费者心目中,一旦将这种特有的主张或许诺同特定的品牌联系在一起,USP 就会给该产品以持久受益的地位。例如,可口可乐的标准色是红色,百事可乐为蓝色。前者寓意着热情、奔放,富有激情;后者象征着未来,突出"百事——新一代"这一主题。虽然其他可乐饮料也采用红色与蓝色作为自己的标准色,但是,可口可乐和百事可乐首先占有了这些特性,因而其他品牌就难以从消费者的心目中将其夺走。瑞夫斯为总督牌香烟创作的广告就是经典的代表之一。

1954 年,瑞夫斯为玛氏巧克力所创作的"只溶在口,不溶在手"(m&m's melt in your mouth,not in your hand,见图 3-2)广告创意同样是 USP 理论的典范之作。当时,玛氏巧克力是全美唯一的用糖衣包裹的巧克力豆,外形小小的,有六种颜色。其外面包覆着一层成分复杂却可以食用的外衣,有了这层糖衣,拿在手上不会黏,放入口中很快就会溶化。有了这一发现,瑞夫斯即刻形成了广告构想,抓住玛氏巧克力豆这一与众不同的特点来打动消费者。经过缜密思考和精心策划,瑞夫斯创作了这样一则电视广告:他设计两只手,一只脏手,一只洁净手,并且说"哪一只手里有玛氏巧克力? 不是这只脏手,而是这只手。因为玛氏巧克力'只溶在口,不溶在手'。"广告刊播后,玛氏巧克力豆顿时声名大震,人们争相购买,销量猛增。玛氏巧克力广告的成功就在于其突出了与其他巧克力的不同之处,有独特的卖点,吸引了消费者。

二、戏剧派理论

李奥·贝纳(Leo Burnett)是美国20世纪60年代广告创意革命的代表人物之一、芝加哥广告学派的创始人及领袖,从事广告工作长达半个世纪,著有《写广告的艺术》。他倡导好的广告人要能是"一个社会的调查人,从心理学研究人性的人,对人类的兴趣、情绪、感情、倾向、爱好和憎恨各方面做深入观察的人"。他的一生中创作了大量伟大的广告作品,如他精心策划设计的"万宝路"牌香烟广告,由女性香烟成功转型,创造了男性香烟的形象,由在美国占有率不足10%,发展为世界销量第一。李奥·贝纳把广告创作的禁忌归纳为三条:一是用许多不证自明的事实凑成一篇毫无趣味的自我标榜的文章;二是用明显的夸大之词构成夸张的猜想曲;三是一味炫耀作者自己的才华,只知舞文弄墨,却把商品本身的特征弃置一旁。

李奥·贝纳提出的"与生俱来的戏剧性"(inherent drama),可被称为戏剧派理论。该理论认为,广告的秘诀就在于找出产品"与生俱来的戏剧性",并加以利用。也就是说,要发现生产厂家生产这种产品的"原因"以及消费者购买这种产品的"原因"。一旦找到这个"原因",广告创意的任务便是依据产品与消费者的相互作用,据此"戏剧性"进行创意,设计出吸引人的、令人信服的广告,而不是靠投机取巧、靠噱头、靠蒙骗或虚情假意来取胜。

按照这种理念,李奥·贝纳认为,在广告创作和文案写作中,不论你要说什么,在一般情况下,根据产品和消费者的情况,要做到恰当,只有一个能够表示它的字,只有一个动词能使它动,只有一个形容词去描述它。对于创意人员来说,一定要去寻找这个字、这个动词和这个形容词。同时,永远不要对"差不多"感到满足,永远不要依赖欺骗去逃避困难,也不要依赖闪烁的言辞去逃避困难。

"青豆巨人"就是李奥·贝纳运用戏剧派理论最成功的一个例子(见图3-3)。

图3-2 玛氏巧克力广告

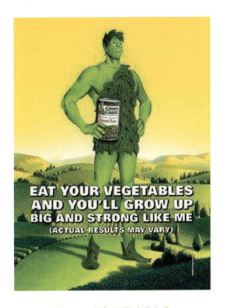

图3-3 "青豆巨人"广告

【案例3.1】

产品名称:青豆巨人豌豆。

广告主:明尼苏达山谷罐头公司(绿巨人公司)。

广告创作者:李奥·贝纳。

广告创作时间:20世纪30年代末。

广告标题:月光下的收成。

广告文案：无论日间或夜晚，青豆巨人的豌豆都在转瞬间选妥，风味绝佳……从产地到装罐不超过3个小时。

青豆巨人豌豆的广告向消费者传达豌豆从收割到包装过程中表现出来的精心细致，满足消费者对"新鲜"的渴望。李奥·贝纳先生解释说："如果用'新鲜罐装'做标题是非常容易说的，但是'月光下的收成'则兼具新鲜的价值和浪漫的气氛，并包含着特别的关切，这在罐装豌豆的广告中是难得一见的妙句。"这则广告一经刊出，"青豆巨人豌豆"罐头很快便成为美国家喻户晓的产品，销量随之节节上升。广告效果之好，使得明尼苏达山谷罐头公司获利丰厚，眼光敏锐而远大的公司领导看到了这则广告所创造的巨大的经济价值和美学价值，他要利用这则广告为这一产品所提升的知名度拓展整个公司的业务，于是后来将"明尼苏达山谷罐头公司"（Minnesota Valley Canning Company）直接改为"绿巨人公司"（Green Giant）。

广告创意时常会针对人们普遍存在的逆反心理与好奇心理，刻意求新，不落俗套。1984年，苹果（Apple）公司推出了第一个完全不同于 IBM 的个人计算机——Macintosh。为了宣传这一具有革命性的新一代计算机，Apple 公司委托 Chiat Day 广告公司制作了一个 60 秒的电视广告，这个广告的名字是"1984"。广告开始时是一大群剃着光头，身着囚衣，看上去已经失去了独立思维能力的人走进一个圆形大剧场。僵尸般的行进者们入了座，默默地注视着巨大的屏幕。屏幕上的"大独裁者"（暗示 IBM 公司）告诫他们：他们是"一个人，具有统一的意志，统一的决心，朝着绝对一致的方向"。他那刺耳的声音在剧场中回荡。突然，剧场里出现了一个漂亮的女孩，她上身穿件 T 恤衫，下身穿了一条红色的短裤，脚上穿着旅游鞋，手里提着把大铁锤，顺着通道跑过来，她的身后紧跟着一群头戴防暴头盔的国家警察。正当"大独裁者"大喊"我们必胜！"时，这个女孩像掷链球似的快速旋转着铁锤，向屏幕砸去。屏幕被砸碎，立刻发出巨大的爆炸声，观众们被惊呆了。这时电视屏幕上出现了几行字幕，一个洪亮的充满磁性的声音朗读着："1月24日，Apple 公司将推出 Macintosh 个人计算机，届时你将会明白为什么 1984 将不再像'1984'。"苹果公司这个60秒长的广告仅在1984年1月22日美国超级杯橄榄球大赛的电视转播中播出了一次，却造成了空前的轰动，美国的三大电视网和将近50个地方电视台都在超级杯后报道重放了"1984"，还有上百家报纸、杂志评论"1984"的现象和影响。后来，负责制作苹果公司"1984"广告的创意导演李·克劳回忆说："'1984'表达了苹果的理念和目标：让人民而非政府或大公司掌握操纵技术，让计算机变得普通人可及而非控制人的生活。"

三、ROI 理论

ROI 理论是美国广告大师威廉·伯恩巴克（William Bernbach）于1949年创办的 DDB 公司（Doyle Dane Bernbach）在广告策略上的独特概念。伯恩巴克是国际广告界公认的一流大师，是20世纪60年代美国广告"创意革命时期"的三位代表人物和旗手之一（另两位是大卫·奥格威和李奥·贝纳）。他认为广告是说服的艺术，广告"怎么说"比"说什么"更重要。该理论的基本主张是：广告与商品没有关联性（relevance），就失去了创意的意义；广告本身没有原创性（originality），就会欠缺吸引力和生命力；广告没有震撼性（impact），就不会给消费者留下深刻的印象，更谈不上什么传播效果。这三个属性合在一起，简称 ROI。

ROI 理论的基本观点是：

（一）优秀的广告应该具备三个特质

1. 关联性

关联性即要做到广告的策略信息和创意与产品关联、与目标对象关联、与广告想引起的特别行为关联。因此，关联体必须是生活中司空见惯的，是生动形象的，是为大众所喜爱的。伯恩巴克一再强调广告与商品、消费者的相关性。他说过："如果我要给谁忠告的话，那就是在他开始工作之前要彻底地了解广告代理的商品，你的聪明才智、你的煽动力、你的想象力与创造力都要从对商品的了解中产生。"他还指出:"你写的每一件事,在印出的广告上的每一件东西、每一个字、每一个图表符号、每一个阴影,都应该助长你所要传达的信息的功效。你要知道,你对任何艺术作品成功度的衡量,是以它达到的广告目的的程度来决定的。"

比如,2000年夏季,朝韩峰会这个震动了世界的话题引起了世人关注,半个世纪的对峙终于握手言和。邦迪广告《朝韩峰会篇》敏感地抓住了这个时机,在朝韩领导人金正日与金大中进行会谈时,邦迪创可贴在这个历史性碰杯的经典画面旁边发表自己的见解:邦迪坚信,没有愈合不了的伤口!把人们对和平的期盼融入其中,在消费者心中引起共鸣,使邦迪的形象得到很好的提升。邦迪创可贴将"愈合伤口"这个简单的功效扩展为"再深、再久的创伤也终会愈合"的理念,开阔了广告发挥的空间,极大地提升了品牌形象。

2. 原创性

原创性则建立在关联性的基础上。在充满同质化产品的市场上,可以通过策略和诉求提供一个特别的承诺,创造一个新奇的、与众不同的创意题材,使品牌独树一帜。伯恩巴克一贯认为,广告最重要的就是要有独创性和新奇性。因为世界上形形色色的广告中,有85%根本没有人注意,真正能够进入人们心中的只有区区15%。因此,必须深刻地了解消费者、了解市场,清楚产品的特点,明确商品的定位,这样才能准确有效地传达商品的信息。

例如,一种小儿感冒药的平面广告,没有产品,没有包装,没有商标,也没有成分,画面上只有黑底白字两句简单的对话:"约翰,是比利在咳嗽吗?""起来喂他吃咳定。"这则不像广告的广告打破了传统的药品广告模式。总的来说,生活中有很多素材可以用在广告上,广告应该既来源于生活,又高于生活,是艺术化了的生活。

3. 震撼性

震撼性是指打破广告受众漠视广告的能力。它来自两个方面:一是承载广告信息的媒体,二是广告信息结构本身。当信息在正确的时间、正确的地点传达到处于合适心境下的消费者时,媒体就造就了震撼力。要做到这一点,就得把握目标受众的生活形态。另外,关联的、创新的、有支持点的承诺最有震撼力。情感诉求的广告就是在浓厚的情感氛围中传达商品的信息,使消费者不自觉地产生情感共鸣,强化对产品的好感。怀旧广告是情感表现广告的一种重要形式。每个人内心深处总有些美好的记忆和深深怀念的故事,把消费者这些记忆深处的故事挖掘出来,引起消费者感情上的共鸣,让产品巧妙地融入其中,传递商品的信息,将起到很好的广告效果。

例如,中华汽车以怀旧的情绪抒发了一个主题,推出"最重要的一部车——爸爸的肩膀""最长的一条路——妈妈的皱纹"两支感人至深的广告片。随后,中华汽车又以"连续剧"的形式推出从两人共组小家庭、怀孕生子到养育孩子的三支广告片,描写生活中的温情故事,为公司增添了一层浓浓的人情味。

ROI这三点,虽是DDB公司原创,但其实质内涵已被各大跨国广告公司认可,成为它们检视广告作品最核心的几个方面。此外,有些公司在此基础上还加上了延续性、单一性等其他要求。

(二)达到ROI必须具体明确地解决五个基本问题

(1)广告的目的是什么?

(2)广告做给谁看?

(3)品牌有什么特别的个性?

(4)选择什么媒体是合适的?

(5)受众的突破口或切入口在哪里?

伯恩巴克创作了大量的经典广告,这些广告的巨大成功是对他的理论的最好注脚。他为大众汽车公司创作的《柠檬》(不合格的车)、《想想还是小的好》、《送葬车队》,为艾维斯出租车公司创作的《艾维斯在出租车业只是第二位,那为何与我们同行?》《老二主义,艾维斯的宣传》等经典广告,都是ROI理论的现实体现。

【案例3.2】

广告标题:Lemon(不合格的车)。

广告创作者:威廉·伯恩巴克。

产品名称:德国大众(Volkswagen)金龟车。

广告正文:

这辆金龟车未赶上装船。

仪器板上放置杂物处的镀铬受到损伤,这是一定要换掉的。你或者不可能注意到;但检查员克朗注意到了。

我们设在渥福斯堡的工厂中有3389位工作人员,其唯一的任务就是:

在生产过程中的每一阶段都去检查金龟车。(每天生产3000辆金龟车;而检查员比生产的车还多。)

每辆车的避震器都要测验(绝不做抽查),每辆车的挡风玻璃也经过详细的检查。大众车经常会因肉眼所看不出来的表面擦痕而无法通过。

最后的检查实在了不起?大众公司的检查员们把每辆车像流水般地送上车辆检查台,通过总计189处的查验点,再飞快地直开自动刹车台,这样50辆大众车中总会有一辆被人说"不通过"。

对一切细节如此全神贯注的结果,大体上讲大众车比其他的车子耐用而不大需要维护。(其结果也使大众车的折旧较其他车子为少。)

我们剔除了不合格的车(Lemon);你们得到十全十美的车(Plum)。

四、定位理论

20世纪70年代,随着竞争的加剧,市场上产品同质化现象日益严重。在一个媒体过度、传播过度、产品过度的时代,消费者真正可以接收到的信息越来越少。在此背景下,1972年,艾尔·莱斯(Al Ries)和杰克·特劳特(Jack Trout)在《工业行销》杂志上发表了《定位:今天"Me-Too"市场中的竞赛》一文,提出了广告定位理论(positioning)。后来他们出版了《广告攻心战略——品牌定位》,系统地介绍了广告定位理论。

定位的概念是指用广告为产品在消费者的心目中找出一个位置。定位理论认为创作广告的目的应当是替处于竞争中的产品树立一些便于记忆、新颖别致的东西,从而在消费者心目中站稳脚跟。该位置一旦建立,每当消费者需要解决的那一问题出现时,他就会考虑那一产品或品牌。

(一)基本主张

广告定位理论的基本主张包括:

(1)广告的目标是使某一品牌、公司或产品在消费者心目中获得一个据点,一个认定的区域位置,或者占有一席之地。

(2)广告应将"火力"集中在一个狭窄的目标上,在消费者的心智上下功夫,要创造出一个心理的位置。

(3)应该运用广告创造出独有的位置,特别是"第一说法、第一事件、第一位置"。因为只有创造"第一",才能在消费者心中产生难以忘怀的、不易混淆的优势效果。

(4)广告表现出的差异性,并不是指出产品具体的、特殊的功能和利益,而是要显示和实现品牌之间的类的区别。

(5)定位一旦确立,无论何时何地,只要消费者产生相关的需求,就会自动地首先想到广告中的这种品牌、这家公司或产品,从而收到"先入为主"的效果。

艾尔·莱斯和杰克·特劳特曾为沙碧娜航空公司做过的一个广告策划就是定位理论的典型代表。沙碧娜航空公司的航线由北美直飞比利时的布鲁塞尔,尽管已经做了很多广告,宣传飞机好、饭食丰美之类,但顾客不饱满的状况并未得到改变。调查后发现,问题的症结不在航空公司本身,而是因为比利时当时作为旅游地还默默无闻,于是"为比利时做广告,而不是为沙碧娜做广告"的想法蹦了出来,震撼人心的创意出来了:"比利时有五个阿姆斯特丹!"(荷兰的阿姆斯特丹是一个旅游"三星级城市"。)该广告随后取得了很好的效果。

(二)定位方法

在广告创意中经常使用的定位方法有:

1. 首席定位

首席定位是追求成为行业或某一方面"第一"的市场定位。"第一"的位置是令人羡慕的,能够在消费者心中留下难以忘怀、不易混淆的优势印象,因为它说明这个品牌在领导着整个市场。品牌一旦占据领导地位,冠上"第一"的头衔,便会产生聚焦作用、光环作用、磁场作用和"核裂变"作用,人们想到某产品,首先浮现在脑海中的就是该品牌,具备追随型品牌所没有的竞争优势。宝洁公司的舒肤佳香皂提出的"洁肤而且杀菌,唯有舒肤佳香皂取得中华医学会认可",也是有效利用了先声夺人、承诺快人一步的方法。再如,人们提到"一次成像"摄影技术就很容易想到拍立得公司;人们谈起复印,就会想到施乐公司;人们谈到大型计算机时,毫无疑问会想到IBM公司;谈到飞机,立即想到波音公司。这些公司都在经营领域内为自己确立了无可匹敌的市场地位,它们的品牌成为人们的首选。所以,广告创意最为理想的传播目标是使广告产品在潜在消费者心目中占据"第一"的位置。

2. 是非定位

在产品定位中使用"是或不是"的判决模式,将自己的产品品牌与同类品牌进行区别,有利于消费者对品牌的记忆。因为现在产品同质化现象日趋严重,同类产品的广告资讯使消费者产生了视觉疲劳,所以,广告创意必须要另辟蹊径,显示和突出品牌之间的类的区别。例如,美国七喜汽水的"非可乐"定位堪称广告史上运用是非定位的成功典范。其实,在美国市场上软饮料销售中,可乐三分天下有其二,剩下的市场为形形色色的饮料所瓜分。七喜为了能在可乐之后取得相对优势,为自己进行了巧妙的定位,这是一个非常简洁的策略:七喜,非可乐。直接地将饮料分为两大类:可乐型和非可乐型,要么喝可乐,要么喝非可乐,而明确标举自己非可乐的只有七喜。显然,七喜的定位策略中明显地使用了是非定位。事实证明,七喜做得很成功。

此外,艾维斯出租车公司的"我们是第二"的广告定位也使其以弱胜强迅速成长壮大(见图3-4)。伯恩巴克为艾维斯所策划的广告标题是:"艾维斯在出租车业只是第二位,那为何与我们同行?"广告正文是:"我们更努力(当你不是最好时,你就必须如此),我们不会提供烟盒肮脏、油箱不满、雨刷不好或没有清洗过的车子,我们要力求最好。我们会为你提供一部新车和一个愉快的微笑……与我们同行。我们不会让你久等。"这是一个将自己置于领先者之下的广告。这一大胆创意遭到了许多人的反对,因为谁也不愿意公开承认自己不如人。但是,艾维斯公司的总裁对此十分赞赏,他力排众议,果断采纳了这一广告作品。事实证明,他的选择是正确的。广告刊播后,立即引起了广大消费者的关注,并产生了相当强烈的效果。这一广告的高明之处,就在于它敢于公开承认艾维斯公司所处的地位,同时又申明了公司不忘顾客的厚爱、努力工作的积极态度。这一表态引起了美国消费者的极大兴趣和同情。

图3-4　艾维斯出租车公司的广告

五、共鸣论

广告创意追求的高级境界就是能够触及受众的心灵,激发受众的情感。共鸣论(resonance)是由跨国广告公司盛世长城提出来的创意理论,其具体是指利用情感跨越地域、文化障碍,取得情感共鸣的创意方式。该理论主张在广告中述说目标对象珍贵的、难以忘怀的生活经历、人生体验和感受,以唤起并激发其内心深处的怀旧情感;同时,赋予品牌特定的内涵和象征意义,建立目标对象的移情联想,通过产品与生活经历的共鸣作用而产生沟通的效果和震撼的力量。尤其是在市场经济逐步走向成熟的社会里,广告创意早已经摆脱传统"叫卖"的营销方式,转向消费者的内心情感需求,寻找共鸣点。1992年,影响和传播效果非常出色的香港"铁达时"(Solvil et Titus)手表的广告就是一个典型的案例:广告中周润发饰演的抗战时期中国的战机驾驶员,惜别吴倩莲扮演的恋人,驾机迎战。广告的画面质感宛如电影,围绕着"不在乎天长地久,只在乎曾经拥有"这个主题述说着浪漫故事,配乐则选用了音乐大师 Ennio Morricone 的作品 *La Califfa*,成功地营造了时代的气氛。这则广告一推出就大受好评,特别是"不在乎天长地久,只在乎曾经拥有"的广告词,配以兵荒马乱的战争年代的动人爱情场面,使消费者对该品牌产生强烈的共鸣。

共鸣论的基本观点包括:

(1)最适合大众化的产品和服务,在拟订广告主题内容前,必须深入理解和掌握目标消费者。通常选择目标对象所推崇的生活方式加以模仿。

(2)选择一种能与目标对象所珍藏的经历相匹配的氛围和环境,使之能与目标对象真实的或想象的经历联系起来。

(3)侧重的主题内容主要有爱情、童年回忆、亲情等人生经历所共有的情感。

例如,"南方黑芝麻糊"的电视广告就是这样一则让人感动并让人久久不能忘怀的优秀作品(见图3-5)。该广告在一片以橘黄色为基调的暖色中展开:典型的南方麻石小巷,桔灯摇晃、晃悠,随着一声亲切而悠长的"黑芝麻糊咯"的吆喝,一个身着棉布布衫的少年推门探头出来,不停地搓手呵气,眼中充满渴望。慈爱的大婶把一勺浓稠的芝麻糊舀入碗里,男孩迫不及待地大口大口地吃,吃完了还捧着碗舔了又舔,那种意犹未尽引得一旁碾芝麻的小女孩掩嘴窃笑。大婶怜爱他,多舀了一碗给他,男孩吃完,满足地抹了一下嘴角。此时,画外音传来男声旁白:抹不去的记忆,南方黑芝麻糊。

图 3-5 南方黑芝麻糊广告

后来,公司在该作品的基础上又制作了一个系列广告:当年那个舔碗、意犹未尽的小男孩,如今已成了一个白发苍苍的老华侨。他带着孙子,乘飞机从海外回到阔别多年的故乡。可梦中的故园踪影难觅,小作坊早已消失在历史的脚步中,代之而起的则是一幢富丽豪华的"南方黑芝麻糊大厦"。走进大楼,秀气的服务员小姐端来两碗香喷喷的"南方黑芝麻糊",小孙子正如老人小时候一样,意犹未尽地将碗舔了个干干净净。此情此景勾起了老人对童年生活的美好回忆,"黑芝麻糊咯"的亲切吆喝声仿佛在耳际回响,大婶朴实的身影在脑海中萦绕不去……在回忆和怜惜中,老人将孙子的嘴擦干净。此时念出的广告语恰到好处:"抹不去的记忆,南方黑芝麻糊。"

当众多的食品广告在强调它们的营养价值和有多少百分比的维生素等的时候,南方黑芝麻糊不是正面体现它的价值,反而走了一条差异化的路子。它在广告的前 3/4 还没有出现产品的包装,而以怀旧的温馨镜头回顾了童年的一段美好回忆:热腾腾的锅,浓香的芝麻糊,男孩天真的吃相,大婶关爱的目光。这些无不令人产生联想,并使人相信,画面中那诱人的芝麻糊就是"南方"带给我们的美味享受。

六、品牌形象理论

20 世纪 60 年代,广告大师大卫·奥格威在《一个广告人的自白》中提出了 BI 理论。BI 理论的全称是 brand image,译为品牌形象理论。正如每个人都有自己的形象一样,品牌也有形象。形象是品牌最明显、最突出的个性,是消费者记忆最深或最能联想到品牌的东西。广告主的任务就是创造、调整和维护形象。换句话说,就是他们经常要为实现确立品牌形象这个目标而努力。

品牌形象理论的基本观点如下:

(1)广告最主要的目标是为塑造品牌服务。广告就是要力图使一个品牌具有并且维持高知名度的品牌形象。奥格威认为,产品就像人一样,要有个性。不同的产品其个性不一样,许多同类别的产品,有的能在市场上长盛不衰,有的则如过眼云烟,其原因并不是产品品质本身的差别有多大,而是产品个性不同。产品的个性包括产品的名称、包装、价格和广告的风格。因此,每一条广告都应该认真考虑广告创意是否对维持产品的形象有利。

(2)任何一个广告都是对广告品牌的长期投资。奥格威认为,目光短浅,一味搞促销、削价及其他类似的短期行为,无助于维护一个好的品牌形象。而对品牌形象的长期投资,可以使形象不断地成长,变得丰满。因此,广告必须尽力去维护一个好的品牌形象,而不惜牺牲追求短期效益的诉求重点。

(3)描绘品牌形象比宣传产品的功能、特征更重要。同类产品的差异性日渐缩小,消费者往往会根据对品牌的好恶来选择购买,因此,描绘品牌形象比宣传产品的功能、特征更重要。因为,消费者选择品牌的时候在很大程度上是在选择自己心目中相对应的品牌形象,这尤其在化妆品、香烟、服装等方面表现得比较突出。

(4)广告更重要的是满足消费者的心理需求。消费者购买时所追求的是实质利益+心理利益。广告的作用就是赋予品牌不同的联想,正是这些联想给了它们不同的个性。不过,这些联想重要的是要符合目标市场的追求和渴望。当 USP 理论从产品内部找产品诉求点遇到困难时,BI 试图从产品外部来说明产品。

品牌形象理论成功的典型案例是大家熟知的"万宝路"香烟品牌形象。"万宝路"曾一度是带有明显女性诉求的过滤嘴香烟,自 19 世纪 50 年代中期开始,"万宝路"香烟开始和"牛仔""骏马""沙漠"的形象结合在一起,使得"万宝路"的世界逐步扩大,获得了前所未有的成功。"万宝路"的粗犷豪迈的形象从此深入世人之心(见图 3-6)。美国的快餐品牌"麦当劳"和"肯德基"也分别以"麦当劳叔叔"和"肯德基上校"的形象来体现品牌特点,输入民族性格的符码。

(5)品牌广告的表现方法。奥格威还提出了一些关于品牌广告的秘诀,比如广告的前十秒内使用品牌名,利用品牌名做文字游戏可以让受众记住品牌,以包装盒结尾的片子较能改变品牌偏好。而歌曲、太多的短镜头对品牌的偏好及宣传效果较差。幽默、生活片段、证言、示范、疑难解答、独白、有个性的角色或人物、提出理由、新闻手法、情感诉求等是改变消费者对品牌偏好度的十大良好表现手法。

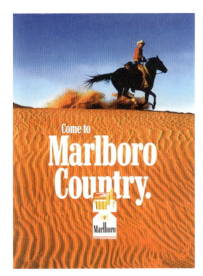

图 3-6 "万宝路"的品牌形象

七、品牌个性理论

品牌个性理论的英文全称是"brand character",简称 BC 理论。BC 理论产生的基础是美国格雷广告公司(Grey)提出的"品牌性格哲学论",日本的小林太三郎教授又提出了"企业性格论",从而形成了广告策划创意中的一种后起的、充满生命力的新策略流派——品牌个性理论。该理论认为,广告不只是"说利益""说形象",还要"说个性"。说个性,即在广告中把品牌当作人看待,使品牌人格化、个性化。该理论认为,品牌个性就像人的个性一样,它是通过品牌传播赋予品牌的一种心理特征,是品牌形象的内核,它是特定品牌使用者个性的类化,是其关系利益人心中的情感附加值和特定的生活价值观。品牌个性具有独特性和整体性,它创造了品牌的形象识别特征,使我们可以把一种品牌当作人看待。因此,其强调由品牌个性来促进品牌形象的塑造,通过品牌个性吸引特定人群。

品牌个性理论的基本观点是:

1. "个性"是最高层面的创意策略

在与消费者的沟通中,从标志到形象再到个性,"个性"是最高的层面。品牌个性比品牌形象更深入一层,形象只是造成认同,个性可以造成崇拜。詹妮弗·艾柯综合研究提出了五个品牌个性因素,即"真诚""兴奋""能力""复杂性"和"单纯性"。如:"海尔"使人联想到活泼可爱的海尔兄弟,每时每刻使人体会到"真诚到永远";"麦当劳"总令人联想起"罗纳尔德·麦当劳"的特色——以年轻人和小孩为主的顾客群、开心的感受、优质的服务、金黄色的拱门标志、快节奏的生活方式,乃至炸薯条的气味;"万宝路"香烟则体现出西部牛仔的豪放形象。

2. 人格化是品牌个性的创意思路

为了实现更好的传播沟通效果,应该将品牌人格化,即思考"如果这个品牌是一个人,它应该是什么样子……"找出其价值观、外观、行为、声音等特征。例如:"金利来——男人的世界",说明"金利来"是成功男人的象征,就容易被成功或渴望成功的人所认同;中国移动的动感地带塑造了一个有个性、有想法、叛逆且喜欢拥有自己地盘的活力青年的品牌个性。这些联想正好迎合了消费者的心愿,足以引起他们的购买动机。

3. 主题文(图)案是品牌个性化实施的关键所在

塑造品牌个性应使之独具一格、令人心动、历久不衰,其关键是用什么核心图案或主题文案来表现出品牌的特定个性。如,星巴克的绿色标志是一个貌似美人鱼的双尾海神形象,使之独具一格、令人心动。

4. 象征物是代表品牌个性最有力的武器

选择能代表品牌个性的"象征物"往往很重要。例如:"花旗参"以鹰为象征物;"万宝路"以马和牛仔为象征物等。

任何一个在市场上占有一席之地的品牌,都必须顺应市场的变化,尽可能地创造出让竞争者难以模仿或短时间内难以模仿的个性化品牌形象。我们生活在一个物质极为丰富的时代,商品的同质性高,要在诸多商品中吸引消费者的注意力,必须要重视品牌的塑造。只有独特的品牌个性才可以培育出众多的品牌忠诚者;只有致力于创造个性化品牌的企业,才能在创新、提升品牌档次和开拓市场空间上取得更大的成功。

思考题

1. 广告创意的表现原则主要有哪些?
2. 简述广告创意的基本理论,并联系实际生活列举相关的广告实例进行说明。

案例分析

宝洁进军中国的启示

对于20世纪90年代的中国年轻消费者来说,提起宝洁(P&G),脑海里一定能立即蹦出一个又一个家喻户晓的牌子:能使"头屑去无踪,秀发更出众"的"海飞丝";让头发飘逸柔顺,"洗发护发二合一"的"飘柔";含有维他命原B5,令头发健康、加倍亮泽的"潘婷";洁肤而且杀菌的"舒肤佳"香皂;对蛋白质污渍有特别强的去污能力的"碧浪"洗衣粉;有不同长度及厚度,以配合你的不同需要的"护舒宝"卫生巾;滋润青春肌肤,蕴含青春美的"玉兰油"……P&G的各类产品已经成为众多消费者特别是年轻消费者日常生活中必不可少的一部分,走进了千家万户。

P&G的系列品牌自1988年进军中国市场以来,已经狂潮般占领了中国的高档日用洗洁用品市场。美国Procter&Gamble(P&G)公司是目前世界上名列前茅的日用消费品制造商和经销商。它在世界56个国家设有工厂及分公司,所经营的300个品牌畅销140个国家和地区,其中包括食品、纸品、洗涤用品、肥皂、药品、护发护肤产品、化妆品等。P&G的国际部是业务发展得最快的一个部门,其销售量和利润越过P&G公司销售量和利润总额的50%。P&G公司于1988年8月创建了在中国的第一家合资企业——广州宝洁有限公司,专门生产洗涤护肤用品;1990年,合资各方为满足日益增长的市场需要,又创办了广州宝洁纸品有限公司;1992年,再次合资创建广州宝洁洗涤用品有限公司,然后陆续在北京、天津、上海、成都建立了分公司,并先后在华东、华南、西北、华北等地建立分销机构,不断向市场推出多种品牌的产品,提供一流的产品和服务,销售覆盖面遍及全国。

一、以高取胜——宝洁的品牌定位

P&G公司在国际市场的产品一向以高价位、高品质著称。P&G公司的一个高级顾问曾经说过:"P&G永不甘于屈居第二品牌的地位,我们的目标是争取第一。"继承P&G的这种传统,广州宝洁公司在市场中的定位很鲜明,即"一流""高档"。广州宝洁公司设有产品开发部,专门研究如何提高产品的质量、包装技术和工艺技术,力求在满足中国消费者需求方面做得比竞争对手更好。在中国消费者的心目中,P&G已经成为高品质的代名词。

二、抓住新一代——目标市场的选取

P&G广告画面多选用年轻男女的形象,展示年轻人追求浪漫的幻想、崇尚无拘无束和富有个性色彩的生活画面,并针对年轻人的心理配上如"滋润青春肌肤,蕴含青春美"等广告语。P&G选择青年消费群作为其目标市场,是看中了青年人的先导消费作用。青年人求新、好奇、透支消费、追求名牌、喜欢广告、注重自我等心理正先导性地改变着其他人的消费习惯和行为。

思考:

宝洁公司进军中国市场能够取得成功,主要的原因是什么?

第四章

广告创意的思维方法

创意是靠灵感激发的,但是,实际上灵感是最靠不住的东西,不管是艺术创作人员还是资深广告人都不能靠守株待兔的方式等待灵感的出现。尤其对于广告人而言,面对工作的压力——截稿日期,我们不得不如期交出广告创意作品,这意味着不管灵感有没有到来,作为广告人必须随时拥有出色的创意。当然,这要求我们梳理清楚广告创意的基本思维方式。每个人的思维方式都是不尽相同的,不能按部就班,但是思维方式的梳理,能够让我们了解哪些方式方法可以帮助我们尽可能地激发想象、获得创意。如果我们能够按照这样的思维方式去工作的话,那么富有灵感的想法就会源源不断地浮现在我们的脑海。

第一节　创意思维概述

广告创意思维是广告人员以新颖独特的方法解决问题的思维方式。广告创意不是凭空产生的,它产生的基础是人的头脑,没有人脑的思维也就没有广告创意可言。思维则是人脑的技能和产物,是人类在劳动协作和语言交往的社会实践中产生发展起来的。它借助语言、符号与形象作为载体,间接地、概括地反映事物本质和规律性的复杂的生理和心理活动。脱离了思维,创意就是一个空壳,可以说思维是广告创意的本质属性。

一、创意思维的含义

什么是思维？思维是人脑对客观事物的本质和规律的反应,是在表象、概念基础上进行分析、综合、判断、推理等认识过程的活动。人的思维反映事物的一般特性,例如灯的一般特性是照明,资本家的一般特性是谋求利润。同时,人的思维能寻求事物间规律性的联系。例如,月晕而风,础润而雨;燕子低飞就要下雨。思维的目的就在于发现事物间规律性的联系。

创意思维作为人类的高级心理活动,不仅是创新型人才的智力结构的核心,是社会乃至个人都不可或缺的要素,同时也是政治家、教育家、科学家、艺术家等各种出类拔萃的人才所必须具备的基本素质。创意思维是思维活动中具有开创意义的一种,它的目标在于开拓人类认识的新领域与新成果。创意思维以人类思维能力为基础,是一种具有开创性与综合性的高级心理活动,需要人们付出艰辛的脑力劳动。要获得一项创意思维的成果,往往需要经过长期的知识积累,经过许多挫折,而并不是如大家所想象的,就是突发奇想或者灵光一闪的结果。所谓的灵感突来,也是厚积薄发,经过了量的积累最终达到质的飞跃。因此,积累的过程尤为重要,而创意思维的能力,只有通过长期知识积累、刻苦钻研才能具备。创意思维的过程也就是通过感知觉,展开推理、联想、想象等思维活动,在遇到困难的时候,多方位、多层次、多角度去思考,寻找解决方法。创意思维的路线往往是开放而不单一的,扩散而又凝练的,这种思维方式讲求多方案、多途径、多选择地解决问题。因此,创意思维是不同职业都需要的,而且对于广告人而言尤其重要的思维方法。

广义的创造性思维是指思维主体有创见、有意义的思维活动,每个正常人都有这种创造性思维。狭义的创造性思维是指思维主体发明创造、提出新的假说、创建新的理论、形成新的概念等探索未知领域的思维活动,这种创造性思维是少数人才有的。但是创造性思维是可以通过后天开发的,这依赖于个人的认识、积累和努力。

二、思维能力的类型

创意思维要以人类的思维能力为基础,思维能力究竟指什么呢？思维能力是指通过分析、综合、概括、抽象、比较、具体化和系统化等一系列过程,对感性材料进行加工并转化为理性认识及解决问题的能力。思维能力是人类思维本质力量的表现,是思维潜能素质的外显活动,也是思维器官的机能和属性。人类所具有的思维能力主要包括以下七种。

(一)感知能力

感知能力是人脑对当前作用于感觉器官的客观事物的反应能力,是人们对外界事物直接认识的能力,也是人类思维活动的基础。人类具有眼、耳、鼻、舌等感觉器官,知觉是多种分析器协同活动的结果,依照知觉过程中起主导作用的分析器来划分,可以将知觉分为视知觉、听知觉、嗅知觉、味知觉和肤知觉五种,这些知觉可以将外界对主体的各种刺激和信息传导到大脑,供大脑汇总、分析、判断和做出相应的反应。人类主体的各感觉器官既分工明确,又彼此相关,是一个由大脑统一协调的整体。感知觉得到的表象,可以说是思维的基础。

感知是人脑对客观事物的反应,是认识活动的开端,是人类一切复杂心理活动的基础。人的感知觉过程既有感官的机能又有大脑思维的汇总、分析、判断。因此,人的感知能力不单单是感知觉的机能,而且渗透着人脑的思维功能,以及以往认知经验的参与。

(二)记忆能力

记忆就是把我们所经历过的事物和获得的知识等用大脑储存起来,所谓记忆能力是人脑储存和重现过去经验和知识的能力。人的大脑能够把学习过的知识,经历过的事情,感觉到、看到、听到的东西"刻录"下来,说起来有点像电脑光盘,在需要的时候,可以拿出来。这种刻录的过程就是我们所熟知的"记忆"。当然,人与人的记忆储存能力是不尽相同的。而我们的思维是要通过感知觉得到的表象,进行进一步总结、归纳、判断等,做出一系列反应。当然,如果本来你脑子里面的经验和知识足够,能够随时拿出来与现实进行比较、归纳,那么对于最后的判断很明显是有帮助的,或者在寻找答案的时候能够更加准确。

人的记忆包括识记、保持、再认和回忆四个过程。识记是基础,辨别和记录事物,积累储存知识,能够增强人的感知觉能力,帮助高级思维的实现。保持,顾名思义,就是巩固的过程。而再认和回忆则是把识记的信息重现的过程。这四个过程可以说是相辅相成、互为补充的。识记和保持是前提,再认和回忆是结果,而这个结果又强化了识记的信息。

(三)逻辑加工能力

思维属于人的认识过程,是人的认识过程的高级阶段。人的大脑能够通过感知器官认识到事物的表象,也就是得到相关的"感性认识",得到后将这些信息进行抽象和加工,也就是通过大脑的工作将信息形成相关的概念,并进行分析判断,这就得到了"理性认识"。这就是大脑的逻辑加工能力,将一般的事物现象通过加工得到客观事物的本质和规律、内在联系,做出判断,解决问题。这也使得思维活动由认识个别事物到认识普通事物,由认识事物的现象到认识事物的本质,即由偶然到必然,由感性到理性。

(四)思维爆发能力

思维爆发是指人类在思维活动中的突然顿悟状态,主要表现在人们在进行艺术构思的过程中由于某种机缘的启发,而突然出现的豁然开朗、精神亢奋,从而取得突破的一种心理现象。它是人类创造性思维中最奇妙的现象。它比抽象思维和形象思维更复杂,故钱学森把它比喻为"体型"的思维方式。其特征是,专注而长期的思考使大脑处于紧张或高速运转状态,偶得启发或触动而神思泉涌,妙手天成。这种所谓的爆发,并不是真的所谓天赋的突然出现,它是人类在思维活动中长期积累、艰苦探索,从量变到质变的过程,是必然与偶然的统一。思维的爆发力是极为珍贵的思维素质,在思维活动中具有重要意义。尤其对于艺术创作而言,它能够在有紧迫的需要时产生常规思维不能创造出来的高质量精神产品;它能够使人在非常情况下急中生智,化险为夷;它能够提高人们的思想效率,在短时间内创造出思想奇迹。

(五)调节控制能力

思维在进行活动的时候,可以对思考的种种对象,进行有目的的选择和审视。尤其在目标发生改变的时候,思维活动也随之发生改变,甚至采取新的思维方式,这就体现出思维的调节与控制能力。思维的调节与控制不仅仅表现在思维活动对象改变时调整思维方式,也可能是对思维方向进行改变。思维的方式多种多样,思维的方向也可有千万种。随着目标的改变,或者思考过程中遇到阻碍或困难,新的思考方向就显得尤为重要。新的思考方向,伸开新的思想触角,广泛收集新的知识,构造新的思维结晶。这种思维的灵活性,就是思维活动的自我控制和调节能力。

(六)想象能力

想象力是人在已有形象的基础上,在头脑中创造出新形象的能力。比如当你说起汽车,我马上就想象出各种各样的汽车形象来,就是这个道理。因此,想象一般是在掌握一定的知识的基础上完成的。想象力是在头脑中创造一个念头或思想画面的能力。想象是人类在改造记忆表象基础上创建未曾直接感知过的新形象和思维情景的心理过程。思维之所以具有想象力,是因为在过去的感知觉和经验的范围内储存过相关的形象,而人类在思维活动的过程中,从已有的记忆中调出有关事物的表象特征,经过分析和综合等加工改造过程,就形成了想象。伟大的想象力是我们人类能比其他物种优秀的根本原因。因为有想象力,我们才能创造发明,发现新的事物定理。如果没有想象力,我们人类将不会有任何发展与进步。

(七)直觉思维能力

直觉思维能力是指人类在思维心理机制中的一种直觉或洞察力。它与直观不同,直观是直接观察事物,而直觉是对事物的直接了解或认知,是洞察事物的一种特殊的思维活动。直觉思维,是指对一个问题未经逐步分析,仅依据内因的感知迅速地对问题答案做出判断、猜想、设想,或者在对疑难问题百思不得其解之中,突然有"灵感"和"顿悟",甚至对未来事物的结果有"预感""预言"等都是直觉思维。直觉思维是一种心理现象,它不仅在创造性思维活动的关键阶段起着极为重要的作用,还是保持人的生命活力、延缓衰老的重要保证。你看到一个人,马上就可以看出他的基本特征——高矮、胖瘦、美丑等,这种"看",就是感觉,同时,也是人的思维特征之一;你无须任何思维,就可以唱出你孩童时代的一首非常熟悉的歌;你可以轻松辨别狗和猫,这些都是直觉思维(也可以叫感觉思维),也无须他人教。

创意思维正是以人类的思维能力为基础,通过分析、综合、概括、抽象、比较、具体化和系统化等一系列过程,实现对感性材料的加工。可以说,人类的各种思维能力是创意思维产生的基础和条件。正是因为人类大脑有了这些思维能力,才能够有各种各样的思维方式和类型。

三、创意思维的特征

创意思维是人类解决问题、寻求发展的重要工具。毛泽东同志说,思维"就是人在脑子中运用概念以作判断和推理的工夫"。人的思维是有一定目的的,在一定的心理结构中进行信息加工的过程。而创意思维是人类创造的根本所在,在文明发展的过程中,创意思维体现出以下特征:

(一)创意思维具有社会性

人类的思维总是以物质为基础的,不管它多么抽象、经过了多少人脑的加工。而人类的发展,文明的进步,离不开人类创意思维的作用,当然,反过来说,人类生存、发展和进步是思维创造的动力。思维的发展方向和水平主要取决于个人所处的社会环境。人的健康状况和个体差异可以明显制约思维速度的快慢,但并不能决定人的思维质量的高低。现代人比之古代人,在创意思维上更具有活力,这得益于人类社会的发展、文明的进步。个人受到不同社会环境的熏陶、文化传统的影响,有着不同的思维层次甚至不同的经济状况,个人所受教育情况和家庭出身等也会对思维产生影响。可以说,人类凭借自身以思维为核心的智能促进了社会经济和科学文化的发展,而一定的社会经济和文化科学又反过来制约着人类思维的发展程度和继续发展的可能,这就是创意思维的社会性。个人的发展逃不开社会的痕迹,创意思维更是如此。

(二)创意思维具有灵活性

创意思维并无现成的思维方法和程序可循,所以它的方式、方法、程序、途径等都没有固定的框架。进行创意思维活动的人在考虑问题时可以迅速地从一个思路转向另一个思路,从一种意境进入另一种意境,多方位地试探解决问题的办法,这样,创意思维活动就表现出不同的结果或不同的方法、技巧。例如,数年前中国市场的奶制品遭遇了一个比较困难的时期,中国奶制品行业一系列的负面消息几乎让中国人对中国的牛奶制品失去了信心。作为广告人,如果对于这一点都没有洞察,无疑不可能有好的作品产生。这个时候奶制品广告不能仅仅强调产品本身的味道、营养,更重要的是要在广告作品中强调产品的质量。这体现了创意不能仅仅针对产品,还要审时度势,灵活考虑行业发展状况,结合产品实际来进行。

(三)创意思维具有新颖性

创意思维贵在创新,它或者在思路的选择上,或者在思考的技巧上,或者在思维的结论上,具有"前无古人"的独到之处,具有一定范围内的首创性、开拓性。一位希望事业有成、活出意义或成为一个称职的领导的人,就要在前人、常人没有涉足,不敢前往的领域"开垦"出自己的一片天地,就要站在前人、常人的肩上再前进一步,而不要在前人、常人已有的成就面前踏步或仿效,不要被司空见惯的事物所迷惑。因此,具有创意思维的人,对事物必须具有浓厚的创新兴趣,在实际活动中善于超出思维常规,对"完善"的事物、平稳有序发展的事物进行重新认识,以求新的发现,这种发现就是一种独创,一种新的见解、新的发明和新的突破。

(四)创意思维具有风险性

创意思维活动是一种探索未知的活动,因此要受多种因素的限制和影响,如事物发展及其本质暴露的程度、实践的条件与水平、认识的水平与能力等,这就决定了创意思维的过程是极其艰苦的探索过程,并不能每次都取得成功,甚至有可能毫无成效或者得出错误的结论。这就是它本身所具有的风险性。但是,无论它取得什么样的结果,在认识论和方法论范畴内都具有重要的意义。即使是它不成功的结果,也向人们提供了以后少走弯路的教训。

创意思维活动的风险性还表现在它对传统势力、偏见等的冲击上。传统势力、现有权威都会竭力维护自己的存在,对创意思维活动的成果抱有抵抗的心理,甚至仇视的心理。例如,中世纪的西欧社会,宗教在社会生活中占据着绝对统治地位,一切与宗教相悖的观点都被称为"异端邪说",一切违背此原则的人都会受到"宗教裁判所"的严厉惩罚。但是,创意思维活动是扼杀不了的,伽利略、布鲁诺将生死置之度外,提倡并论证了"日心说",证明教皇生活于其上的地球不是宇宙的中心。无法想象,如果没有这两位科学家甘冒此风险探求真理,"日心说"不知何时才能被提出。所以,风险与机会、成功并存。消除了风险,创意思维活动就变为了习惯性思维活动。

第二节 广告创意思维方式

在现实生活中,我们常常发现由于职业的不同,思维也存在着差异,如理论家、思想家和艺术家的思维不同;在学生的学习中也有明显的表现,如有的善于学文,有的则擅长学理,等等。好的广告创意需要创作者有较强的创意思维能力,在初步了解创意思维的基础上,需要有意识地加强对创意思维的形式和技法的了解和掌握。创意思维是对思维某些特征的强化,比如说,从多角度观察和思考问题的发散性,把需要解决的问题与其他事物进行联系和比较的分离性,思维过程的辩证性,思维空间的开放性,思维主体的能动性,以及思维成果的独创性。因此,根据创意思维的不同形态,在这里对创意思维进行分类介绍。

一、形象思维与抽象思维

（一）形象思维

形象思维是指对客观事物具体形象进行观察、感受并记忆储存,结合思维的主动性,使用一定的手段、工具等,对事物进行进一步认识和分析,进而得到相关结论或者创造和描述形象的一种思维方式。形象思维是通过对事物形象的概括而产生的,多体现在艺术作品的创作上,比如绘画、雕塑等。

形象思维是借助于具体形象来进行思考的具有生动性和实感性的思维活动,它是整个认识过程中始终伴随形象的一种思维方式。想象思维活动包括具体形象思维、语言形象思维和形象逻辑思维三种方式。形象思维凭借的是表象、联想和想象,这是一种多途径、多回路的思维。钱学森在倡导思维科学的时候认为,形象思维应该是我们当前研究思维科学的一项重要任务。

广告的创意离不开广告商品形象本身。我们可以从广告商品本身的直接因素和与广告商品相关的间接因素来寻找创意。形象思维以直觉为基础,通过某一具体事物引发想象,从而产生创意。阿基米德看见洗澡水溢出澡盆,想出检验金冠真假的办法,最终得出浮力定律;牛顿看到苹果落地,发现万有引力……Jeep汽车平面广告"钥匙山峰"就是典型的运用形象思维所创作的广告。创意人员利用钥匙与山峰的形状相似的现象,将两个元素合而为一,清晰地传达了Jeep汽车优异的越野性能。这种广告看似简单,实则内涵丰富,信息明确,通俗易懂,传播效果极佳。

（二）抽象思维

抽象思维是指在思维过程中以概念、判断、推理的形式来反映事物本质属性和内在规律的思维。这种思维是借助于语词、符号来思考问题,故又称之为语词逻辑思维。这种思维所要解决的任务基本上是抽象的,是思维的一种高级方式,属于理性思维的范畴。

抽象思维凭借科学的抽象概念对事物的本质和客观世界发展的深远过程进行反映,使人们通过认识活动获得远远超出靠感觉器官直接感知的知识。科学的抽象是在概念中反映自然界或社会物质过程的内在本质的思想,它是在对事物的本质属性进行分析、综合、比较的基础上,抽取出事物的本质属性,撇开其非本质属性,使认识从感性的具体进入抽象的规定,形成概念。学生运用数学符号和概念进行数学运算和推导,科学家发现客观规律等都需要通过这种思维活动进行。

抽象思维不同于以动作为支柱的动作思维,也不同于凭借表象的形象思维,因为它已摆脱了对感性材料的依赖。

抽象思维与形象思维不同,它不是以人们感觉到或想象到的事物为起点,而是以概念为起点去进行思维,进而再由抽象概念上升到具体概念——只有到了这时,丰富多样、生动具体的事物才得到再现,"温暖"才能取代"冷冰冰"。可见,抽象思维与具体思维是相对而言、相互转换的。只有暂时撇开偶然的、具体的、繁杂的、零散的事物的表象,在感觉不到的地方去抽取事物的本质和共性,形成概念,才具备进一步推理、判断的条件。没有抽象思维,就没有科学理论和科学研究。然而,抽象思维不能走向极端,必须与具体思维相结合,由抽象上升到具体。形象思维与抽象思维有着密切的联系,抽象地思考问题总是以形象思维为基础,进行形象思维又常常联系着抽象思维。宋朝文学家欧阳修得到一幅古画,画面是一丛牡丹,牡丹花下还卧着一只栩栩如生的猫。宰相吴正肃看后说:"这是一只正午的猫。"他是这样解释的:"一是花瓣分披,色泽浓艳而干燥,正是中午时候牡丹的样子;二是猫的眼睛细长如线,正是中午的猫眼形象。如果是清晨的牡丹,花瓣应是收缩而湿润的,猫的眼睛就是圆的了。"这就是抽象的思考与形象的想象紧密地统一在思维过程中的典型实例。

抽象思维深刻地反映着外部世界,使人能在认识客观规律的基础上科学地预见事物和现象的发展趋势,预言"生动的直观"没有直接提供出来的,但存在于意识之外的自然现象及其特征。它对科学研究具有重要意义。

在广告创意的过程中,搜集、分析资料,要运用到抽象思维进行分析、归纳、比较。要让目标受众能够从心理上接受广告信息,也要运用抽象思维。当然,不能说单纯的一种思维方式就能够实现非常好的创意。出色的创意作品,基本上都是抽象思维与形象思维共同作用的结果。如图4-1所示的夏士莲洗发水广告就是形象思维与抽象思维的结果:前一幅图表现"强韧秀发",后一幅图表现"顺滑秀发"。

图 4-1　夏士莲广告

在创意思维的过程中需要把抽象思维与形象思维紧密结合起来,先深入研究对象的具体细节,获取有关对象的完备理性认识;再运用有意识与无意识的活动能力,充分发挥直觉、想象的作用,对已有的理性认识进一步地分解组合,求得新的发现;最后再运用抽象思维对发现的新形象、新内容加以验证和扩展。在创意思维中,各种思维方式是互相联系、共同作用的。

二、发射性思维和集中性思维

(一)发射性思维

发射性思维又叫扩散思维、辐射思维、开放思维、立体思维,是从一个目标出发,沿着各种不同的途径去思考,从多方面探求各种答案的一种展开性的思维活动。这种思维的主要特点是求异和创新。这是一种可以海阔天空地任意发挥想象力的思维形式。它由一点向四面八方发散思维,充分运用丰富的想象力,调动积淀在大脑中的知识、信息和观念,将之重新排列组合,从而产生更多、更新的设想和方案。具有这种思维模式的人在考虑问题时一般比较灵活,能够从多个角度或多个层次去看问题和寻求解决问题的方法。

发射性思维围绕一个主题进行广泛的遐想,不受任何限制,可以想到各种各样的事情。发射性思维强调思维内容和思维成果应与传统观念或原有概念、原理不同,甚至相反,其思维目标事先不能确定,可以是一个,也可以是多个。发射性思维是一种不依赖常规、寻找变异的思维,在探索几个可能的答案时,一般很难确定哪个是正确的,只有通过验证才能确定下来。发射性思维能顺利进行的主要条件是主体必须拥有丰富的知识经验。

《福布斯》杂志上刊载的一篇文章中讲到,汉莎公司副总裁查尔斯·蒙格在一家渔具生产企业中,看到产品都配有漂亮的绿紫色诱饵,便问道:"鱼儿真能对这玩意儿感兴趣吗?"结果得到的回答是:"查尔斯先生,我们又不是把这玩意儿卖给鱼!"可见,人观察问题的角度、层次、方向不同,思维方法就会不同。有的人固守思维定式,思维方向单一;有的人思维发散,能想到很多别人想不到的场景。可以说思维越发散,越容易产生变通性、独特性。创造性思维需要丰富的想象。发射性思维方式强调打破常规,弱化思维定式,更有利于广告创意将一个抽象的概念演绎成为需要的形象。将思维扩散,从多角度、多方位、多层次、多关系去展开想象与思考,其实质在于突破定式,寻求新途径、新方法。

(二)集中性思维

集中性思维又叫聚合思维、辐合思维、收敛思维或集中思维,这种思维方式是指把问题所提供的各种信息聚合起来,朝着一个方向、一定范围,有条理地得出一个正确答案或一个最好的解决问题的方案的思维活动。它是以某个问题为中心,运用多种方法、知识或手段,从不同的方向和不同的角度,将思维指向这个中心点,以达到解决问题的目的。具有这种思维能力的人一般具有较强的洞察力,看问题比较深刻,善于推理分析,思维严谨周密。

相对于发射性思维而言,集中性思维是一种异中求同、量中求质的方法。只发散不集中,势必会造成一盘散沙或鱼龙混杂,因此发散后必须进行筛选和集中,通过分析和比较,选择最有价值的设想和方案。集中性思维是把信息聚合,而发射性思维则是由一个原点向四面八方呈发射状态进行思考的一种更加不受束缚的思维方式。

在创意过程中,需要确定广告商品的"卖点",而要确定商品的卖点,不是把该商品值得称道的优势统统在广告中罗列出来,这无疑是最下策的创意。首先,我们可以利用集中性思维方式,收集资料,集思广益,确定产品的定位。围绕中心点,展开创意思维。而发射性思维方式的宗旨非常契合于广告创意需要突破束缚、打破常规的思想。优秀的创意应该具有原创性,应该是未被利用过或未引起旁人注意的全新元素间的组合,把一个抽象的概念演绎成为一个生动的形象。发射性思维运用于广告中,能围绕同一个主体,寻找出不同的创意表现方式,进而多侧面、多层次地表现同一广告主题。

脑白金是一种保健食品,主要顾客群体是中老年人,而购买群体主要是年轻人,因而脑白金广告创意集中针对了中国孝文化;而脑白金的主要作用体现在增强中老年人的抵抗力、免疫力,所以才有了一系列"强悍"的老年人动画,成为脑白金创意广告的经典(见图4-2)。这正是集中性思维与发射性思维结合的体现。任何经典创意都不能只集中不发散或只发散不集中。

图 4-2 脑白金广告

下面请看图4-3,大家看出这是什么广告了吗?这是苹果系列平面广告《不一样的想法》。广告名称很直接地点出了苹果与众不同的个性特征。在表现手法上,它巧妙借用了在各自领域取得辉煌成就的伟大人物作为广告的视觉元素,暗示苹果电脑在业界具有与这些领军人物同等的地位,自然而又自信地塑造和恰到好处地宣传了企业的品牌形象。该广告的创意手法非常独到,要表现苹果电脑的品牌形象,集中思维,整个系列的核心集中在突出苹果在业界的地位上;同时,为了表现出这种地位,运用发射性思维将企业品牌与各种"大人物"相提并论,从而很好地展现了主题。

图 4-3　苹果广告《不一样的想法》

三、垂直思维与水平思维

（一）垂直思维

垂直思维也称纵向思维，是指传统逻辑上的思维方法，它是在一定结构范围内，按照有顺序的、可预测的、程式化的方向进行的思维方式。这是一种符合事物发展方向和人类习惯的思维方式，遵循由低到高、由浅入深、自始至终等线索，因而思维脉络清晰明了、合乎逻辑。其主要特点是思维的方向性与连续性。方向性是指思考问题的思路或预先确定的框架不能随意改变；连续性则是指思考从一种资讯状态开始，直接进入相关的下一状态，如此循序渐进，中间不能中断，直至解决问题。有人拿两个比喻来形象地说明垂直思维的方向性和连续性：譬如挖井，只能从指定位置一锹一锹连续往下挖，不能左右挖，也不能中间漏掉一段不挖；又如建塔，只能从指定位置将石头一块一块向上垒，不能左右垒，也不能中间隔一段不垒。

对于广告制作而言，当产品的销售概念已经非常明确的时候，那就要按照这个概念往下深挖内涵，制作创意作品。2001 年，某广告公司受海尔委托准备制作快乐王子系列冰箱广告，经双方磋商，确定该系列冰箱定位：独有保鲜技术，目前保鲜最精确的中档冰箱。创意人员来了一个垂直型思考：新鲜是什么？是天然和原汁原味。天然和原汁原味是什么？鲜活力。从鲜活力联想到什么？活蹦乱跳。从活蹦乱跳联想到什么？有弹性。由弹性想到什么？最有标志性的弹簧。于是确定创意元素为"弹簧"（见图 4-4）。

图 4-4　海尔快乐王子系列冰箱广告

垂直思维的优点是思路清晰，比较稳定；缺点是思考的空间有局限性，容易使人故步自封，脱离实际，使作品缺少创新，重复或雷同。如许多广告反复强调"省优""部优""金奖产品"等，这种公式化的标榜毫无新意可言。

（二）水平思维

水平思维也叫横向思维，它强调思维的多维性和发散性。它要求尽量摆脱固有模式的束缚，多方向、多角度、多方位地思考问题，不断寻求全新的创意。和垂直思维不同，水平思维就像是跳出原有的洞，再去挖一个又一个的新洞；丢下原有的塔，再去垒一个又一个的新塔。

水平思维能弥补垂直思维之不足，克服固执、偏见和旧观念对人的束缚，有利于人们突破思维定式，获得创造性构想。人们在进行思考、解决问题的时候，常常存在着垂直思维的习惯，这是一种建立在知识基础上的得心应手而且根深蒂固的思考问题的模式。这种模式并不一定有利于提出新的观念、新思想。水平思维方式与垂直思维方式正好相互补充。但水平思维是有一定难度的，因为它没有现成的依据，没有确定的方向，而习惯意识往往很顽固。水平思维方式往往是在条件比较接近的情况下，对相似的事物的发展情况进行比较，从中找出差距，发现问题，然后再提出解决问题的办法。这种思维不一定是有序的，同时也不能预测。但由于水平思维改变了解决问题的一般思路，试图从别的方面入手，从而使思维的宽度大大增加，有可能从其他领域中得到解决问题的启示。因此，水平思维方式在广告创意活动中起着较大的作用。

垂直思维里的逻辑判断有时会发生错误，但由于我们不可能对每一个念头逐一实验，故逻辑判断仍不失为一种取舍的基本方式。然而我们了解了它有犯错的可能性之后，可调节对它的使用，避免完全依赖它，并辅以水平思维方式。垂直思维与水平思维两者并不存在任何矛盾，因为运用这两种方法所发现的结论均需要严谨的证明与逻辑严密的解释。水平思考有利于产生新点子和新方法，提供更多的选择，以提升垂直思考的效率。而垂直思考则有利于发展水平思考所衍生出来的点子，以增强水平思考的能力。在产生创意的过程中，运用水平思维可以引发灵感，产生新的构想；运用垂直思维，则可以使新构想更加深入、具体和完整，两者必须结合使用才能相得益彰。

四、顺向思维与逆向思维

我们先来看一个案例：

【案例 4.1】

有两个工厂的推销员，到南太平洋上的一个岛屿去推销皮鞋。上岛后，他们发现，岛上的居民祖祖辈辈都是光着脚走路，从未穿过鞋子，更不知道皮鞋是什么玩意儿。于是两个人同时向各自的工厂发了一封电报，第一个人的电报内容是："情况糟糕透了，岛上的人从来不穿鞋，我明天就回来。"第二个人的电报内容是："棒极啦，整个岛上的人还没穿上鞋子，潜力很大，我拟长驻此岛。"

在这里，两个推销员对同一个事实预见了截然不同的发展趋势。第一个人认为，皮鞋在这个小岛上没有销路，这似乎是不容怀疑的定论。第二个人则认为，今天没有穿鞋，明天为什么不可以穿呢？如果说第一个人的思维是顺向思维的话，那么第二个人的思维就是逆向思维。

（一）顺向思维

顺向思维是指人们按照传统的程序，从上到下、从小到大、从左到右、从低到高进行思考的方法。图 4-5 所示是高露洁牙膏的平面广告。高露洁长期的诉求理念就是坚固牙齿，这幅平面广告的视觉表现将"坚固牙齿"的概念非常形象地展现出来：这样的牙齿可以当榔头使用，其坚固程度可想而知。广告画面把想要传达的信息说到了极致，任何其他的广告文案都是画蛇添足、狗尾续貂。这则广告就是顺向思维最直接、经典的表现。

顺向思维，这种方法平时用得最多，尤其是在处理常规性事物时具有一定

图 4-5　高露洁牙膏广告

的积极意义。但是顺向思维的常规性容易形成习惯性思维,即思维定式,从而影响创造性思维的开发。

(二)逆向思维

所谓逆向思维,又称反向思维,就是常常打破常规,从相反的角度去思考的一种思维方法。逆向思维是人们一种重要的思维方式。逆向思维也叫求异思维,它是对司空见惯的、似乎已成定论的事物或观点反过来思考的一种思维方式。它是对事物的条件关系、作用的效果、过程的发展以及其他与之相关的要素进行多角度的观察与思考,将它们的矛盾统一起来,进行有效的利用。将逆向思维运用于广告创意中,往往有产生轰动的奇效。逆向思维敢于"反其道而思之",让思维向对立面的方向发展,从问题的相反面深入地进行探索,树立新思想,创立新形象。人们习惯于沿着事物发展的正方向去思考问题并寻求解决办法,其实,对于某些问题,尤其是一些特殊问题,从结论往回推,倒过来思考,从求解回到已知条件,反过去想,或许会使问题简单化,使解决它变得轻而易举,甚至因此而有所发现,创造出惊天动地的奇迹来,这就是逆向思维和它的魅力。比如,家喻户晓的"司马光砸缸"的故事,司马光的聪明正是体现在逆向思维上。有人落水,常规的思维模式是"救人离水",而司马光面对紧急险情,运用了逆向思维,果断地用石头把缸砸破,"让水离人",救了小伙伴的性命。

逆向思维相对于人们习惯的顺向思维来说,具有其优势。在日常生活中,常规思维难以解决的问题,通过逆向思维却可能轻松破解;逆向思维会使你独辟蹊径,在别人没有注意到的地方有所发现,有所建树,从而制胜于出人意料;逆向思维会使你在多种解决问题的方法中获得最佳方法和途径;生活中自觉运用逆向思维,会将复杂问题简单化,从而使办事效率和效果成倍提高;逆向思维可运用在各个投资领域,包括房地产、股票等。逆向思维最可贵的价值,是它对人们认识的挑战,是对事物认识的不断深化,并由此而产生"原子弹爆炸"般的威力。在广告创意中,我们应当自觉地运用逆向思维方法,创造更多的奇迹。

逆向思维的方式有很多,一般常见的有以下几种:

(1)反转型逆向思维法。

这种方法是指从已知事物的相反方向进行思考,寻找发明构思的途径。尘埃是造成人们生活空间污染的重要原因,有效除尘是人们长期以来的愿望。早在1901年,英国人在火车车厢内进行了一次用机器吹尘的公开表演,结果吹尘器不但没有发挥作用,反而造成了更大的粉尘。既然吹不成,是否可以利用吸的原理呢?郝伯·布斯就大胆采用吸的方法,于是吸尘器诞生了。

(2)转换型逆向思维法。

这是指在研究问题时,由于解决这一问题的手段受阻,而转换成另一种手段,或转换角度思考,以使问题顺利解决的思维方法。成都某眼镜店,各色眼镜琳琅满目,在眼镜中间有这样一个醒目的广告:"幼儿不宜戴有色眼镜"。文中说明幼儿戴有色眼镜会对眼睛造成一系列伤害。顾客看了广告后产生了这样的印象:商家不是以赚钱为目的,而是站在顾客立场上为顾客着想,这样的商店眼镜质量肯定很好。于是,商店生意蒸蒸日上。

(3)就事物的缺点进行逆向思考。

这是一种利用事物的缺点,将缺点变为可利用的东西,化被动为主动,化不利为有利的思维方法。这种方法并不以克服事物的缺点为目的,相反,它是将缺点化弊为利,找到解决方法。例如金属腐蚀是一件坏事,但人们利用金属腐蚀原理进行金属粉末的生产,或进行电镀等,无疑是缺点逆用思维法的一种应用。

一般来说,逆向思维更能够创作出具有魅力的广告创意作品。如图4-6所示是一组系列广告,均以一位时髦漂亮的时装美女来开展创意表现,每个画面中的男人都为女人诱人的外表所强烈吸引而无视自己的危险处境,这一幕幕即将酿成灾祸的、让人心悸的场景皆因美丽的沃丽斯时装所引起,故而它成了"服装杀手"。

此套广告的创意非常精彩,视觉画面很好地诠释了Wallis品牌的诉求概念:服装杀手。每幅画面都极具动感,这种带动感的传播效果使受众对品牌的印象极为深刻。广告的创意者没有从正面为服装的特色、优点进行鼓吹,而独辟蹊径,从另外一个方面来展现该品牌服装的魅力,不得不说创意独特,创意者匠心独运。

创意思维在广告创意中具有重要地位,可以说有创意的点子是产生好作品的基础。当然创意不是凭空产生的,需要广告人在了解产品的基础上,对创作有着极深的理解。有时候会发现,单靠思维很难解决问题,那就需要创造技法来帮助我们实现新的创意。

图 4-6　Wallis 品牌《服装杀手》广告

第三节　广告创意的创造技法

创意思维是创造技法的前提和基础,创造技法是创意思维的表现形式,同时也可以说是创意思维开发的有效手段,创造技法和创意思维之间存在着相互依存、相互促进的关系。创意思维为产生创意打通了道路,创造技法则为创意提供了有效的工具和手段。两者的关系如同钓鱼:要钓鱼,首先要找到有鱼的地方;其次还要准备钓鱼的工具,如钓竿、钓钩、鱼饵等。创意思维就如同有鱼的地方,创造技法就如同钓鱼的工具,两者必须有机地结合起来,才能钓到大鱼——精彩的创意。因此,为了探索提高广告创意的技能,有必要了解并掌握基本的创造技法。这里着重介绍一些常用的、著名的创造技法。

一、头脑风暴法

头脑风暴法(brain storming,又译为智力激励法),是 1938 年由美国 BBDO 广告公司创始人奥斯本发明的世界上第一种创造技法,是一种集体开发创造性思维的方法。头脑风暴原指精神病患者头脑中短时间出现的思维紊乱现象,病人在此时会产生大量的虚幻想象。奥斯本借用这个概念来比喻集体中的各个个体思维高度活跃,相互交叉和碰撞,产生出创造性的思维和设想的方法。这一技法广泛流传于世界各地,经过各国创造学家的开发与创新,得到了进一步的丰富与完善。在现代,头脑风暴思维方式借助于团体的力量,采用会议的方法,制定严密的操作程序,并通过集思广益的方式进行创意,它广泛运用于需要想象力解决问题的领域,比如广告。

(一)头脑风暴的组织程序

头脑风暴法力图通过一定的讨论程序与规则来保证创造性讨论的有效性,由此,讨论程序构成了头脑风暴法能否有效实施的关键因素。从程序来说,以广告创意与策划为例,组织头脑风暴关键在于以下几个环节:

1. 会前准备

首先,确定广告商品,明确该商品的产生背景、特征、使用特点、目标消费者等。其次,确定人选。召集特殊的小型会议,一般以 8～12 人为宜,也可略有增减(5～15 人)。与会者人数太少不利于交流信息,激发思维;而人数太多则不容易掌握,并且每个人发言的机会相对减少,也会影响会场气氛。最后,明确分工。要推定一名主持人,1～2 名记录员(秘书)。主持人的作用是在头脑风暴畅谈会开始时重申讨论的议题和纪律,在会议进程中启发引导,掌握进程。记录员应将与会者的所有设想都及时编号,简要记录,最好写在黑板等醒目处,让与会者能够看清。记录员也应随时提出自己的设想,切忌持旁观态度。

为了使头脑风暴畅谈会的效率较高、效果较好,可在会前做一点准备工作。如收集相关资料预先参考,以便与会者了解与议题有关的背景材料和外界动态,有利于与会者思想上的准备,并提前酝酿解决问题的设想。会场可做适当布置,座位排成圆环形的环境往往比教室式的环境更为有利。此外,在头脑风暴会正式开始前进行几分钟的热身活动,其目的和作用与体育比赛的道理是一样的,促使与会人员尽快进入"角色"。

2. 明确问题

主持人介绍会议内容、会议时间以及会议纪律。会议时间由主持人掌握,不宜在会前定死。一般来说,以几十分钟为宜。时间太短,与会者难以畅所欲言;太长则容易产生疲劳感,影响会议效果。根据头脑风暴法的原则,可规定几条纪律,要求与会者遵守。如:要集中注意力积极投入,不消极旁观;不要私下议论,以免影响他人的思考;发言要针对目标,开门见山,不要客套,也不必做过多的解释;与会者之间相互尊重,平等相待,切忌相互褒贬,等等。

3. 自由畅谈

这个阶段是头脑风暴法成功与否的关键。这一阶段的重要任务是想方设法造成一种高度刺激的气氛,使与会者突破种种思维障碍和心理约束,让思维自由驰骋,借助与会人员之间的相互碰撞提出大量有价值的构思。在此法进行过程中,最重要的原则是推迟评价。会议以量取胜,从数量中去求质量,所产生的观点、想法越多,就越有可能产生有创造性和有价值的创意。

4. 整理加工

畅谈结束以后,一般情况下都应该会有令人比较满意的创意诞生,会议主持人应该对大家一致认可的创意构思指定专人进行具体创作,以便在较短的时间内拿出广告创意的初稿来。至此即完成头脑风暴的预期目标。当然,如果在本次头脑风暴中仍然没有碰撞出创意灵感的话,还可以准备第二次头脑风暴。

(二)技法要点

1. 自由畅谈

参加者不应该受任何条条框框限制,放松思想,让思维自由驰骋。从不同角度、不同层次、不同方位大胆地展开想象,尽可能地标新立异、与众不同,提出具有独创性的想法。

2. 延迟评判

头脑风暴必须坚持当场不对任何设想做出评价的原则。既不能肯定某个设想,又不能否定某个设想,也不能对某个设想发表评论性的意见。一切评价和判断都要延迟到会议结束以后才能进行。这样做一方面是为了防止评判约束与会者的积极思维;另一方面是为了集中精力先开发设想,避免把应该在后一阶段做的工作提前进行,影响创造性设想的大量产生。

3. 禁止批评

禁止批评是头脑风暴法应该遵循的一个重要原则。参加头脑风暴会议的每个人都不得对别人的设想提出批评意见,因为批评对创造性思维无疑会产生抑制作用。有些人习惯于用一些自谦之词,这些自我批评性质的说法同样会破坏会场气氛,影响自由畅想。

4. 追求数量

头脑风暴会议的目标是获得尽可能多的设想,追求数量是它的首要任务。参加会议的每个人都要抓紧时间多思考,多提设想。至于设想的质量问题,可留到会后的设想处理阶段去解决。在某种意义上,设想的质量和数量密切相关,产生的设想越多,其中的创造性设想就可能越多。

头脑风暴虽然具有时间短、见效快的优点,但也有局限性。比如,广告创意要受与会者知识、经验深度和广度以及创造性思维能力等方面的制约,一些喜欢沉思并颇具创造力的人难以发挥优势,严禁批评的原则给构想的筛选和评估带来了一定的困难等。虽然有这些困难,但是头脑风暴仍然是广告创意不可或缺的一种独特技法。创意思维是创造技法的前提和基础,头脑风暴是现代广告创造技法中比较普遍和著名的一种。创造技法能够更好地集中和利用创意思维,使我们能够在创意中取得更好的收获。

二、检核表法

为了有效地把握创意的目标和方向,促进创造性思维,亚历克斯·奥斯本于1964年又提出了检核表法。奥斯本的检核表法是针对某种特定要求制定的检核表,主要用于新产品的研制开发。奥斯本检核表法是指以该技法的发明者奥斯本命名、引导主体在创造过程中对照九个方面的问题进行思考,以便启迪思路,开拓思维想象的空间,促进人们产生新设想、新方案的方法。在众多的创造技法中,这种方法是一种效果比较理想的技法。由于它突出的效果,它被誉为"创造之母"。人们运用这种方法,产生了很多杰出的创意,以及大量的发明创造。

奥斯本检核表法的核心是改进。其基本做法是:首先选定一个要改进的产品或方案;其次,针对一个需要改进的产品或方案,或者针对一个问题,从下列角度提出一系列的问题,并由此产生大量的思路;最后,根据第二步提出的思路,进行筛选和进一步的思考、完善。

可以引入吗?是否能够从其他领域、产品、方案中引入新的元素、新的材料、新的造型、新的原理、新的工艺、新的思路,以改进现有的方案或产品?

可以替换吗?是否能够用其他东西替代现有产品、方案或其中的一部分?

可以添加、增加、扩大吗?是否能够增加一些元素,或者使现有的元素的数值增加,比如增加长度、提高价值、加快转速等?

可以减少、缩小吗?是否能够通过缩小某一要素的数值,比如长度、体积、大小、容量,或者减少一部分成分,来实现改进?

可以引出吗?可以将该产品或方案的原理、结构、材料、成分、思路等用于其他地方吗?

可以改变吗?可以改变该产品的名词、动词、形容词属性和特征,以实现改进吗?

可以逆反吗?能否在程序、结构、方向、方位、上下、左右等方面逆反,以实现更好的效果?

可以组合吗?能否把现有的产品或方案与其他产品或方案组合起来,以形成新的思路?

可以用于其他领域吗?本产品或方案能否用于其他领域,扩大用途,或者稍做变化后用于其他领域或其他用途?

此外,还可以有其他提问,如可以扩展吗?可以改变功能吗?可以放弃或舍去吗?可以涂改吗?等等。

检核表法有利于提高发现创新的成功率。创新发明最大的敌人是思维的惰性,大部分人总是自觉和不自觉地沿着长期形成的思维模式来看待事物,对问题不敏感,即使看出了事物的缺陷和毛病,也懒于去进一步思索,不爱动脑筋,不进行积极的思考,因而难以有所创新。检核表的设计特点之一是多向思维,用多条提示引导你去发散思考。如奥斯本创造的检核表中有九个问题,就好像有九个人从九个角度帮助你思考。你可以把九个思考点都试一试,也可以从中挑选一两条集中精力深思。检核表法使人们突破了不愿提问或不善提问的心理障碍,在进行逐项检核时,强迫人们扩展思维,突破旧的思维框架,开拓了创新的思路,有利于提高发现创新的成功率。

利用奥斯本检核表法,可以产生大量的原始思路和原始创意,它对人们的发散思维有很大的启发作用。不过,运用此方法需要和具体的知识经验相结合,它只是提示了思考的一般角度和思路,思路的发展还要依赖人们的具体思考。另外,运用此方法还要结合改进对象(方案或产品)来进行思考,还可以自行设计大量的问题来提问,提出的问题越新颖,得到的主意越有创意。

奥斯本检核表法的优点很突出,它使思考问题的角度具体化了。但它也有缺点,那就是它是改进型的创意产生方法,创意者必须先选定一个有待改进的对象,然后在此基础上设法加以改进。它不是原创型的,但有时候也能够产生原创型的创意。比如,把一个产品的原理引入另一个领域,就可能产生原创型的创意。

三、组合法

组合法就是将原来的元素进行巧妙结合、重组或配置,以获得具有统一整体功能的创造成果的创意方法。我们周围的事物就有许多是由两个或两个以上的技术因素组合在一起的。如带电子表的圆珠笔、录音机、电唱机,等等,这其中蕴含着一种组合的思想。

如果你能够经常将头脑中固有的旧信息重新排列组合,便会有新的发现、新的创造。组合法主要有以下四种类型:

(一)立体附加

这种组合就是在产品原有的特性中补充或增加新的内容。比如,现在的洗衣粉,讲"干净"的比较多,而黄庆铨为碧浪洗衣粉做的广告创意是"为你解开手洗束缚"。碧浪不是以产品价格作为其卖点,而是向消费者宣传一种观念。如图4-7所示的系列广告画面,解开的手铐、枷锁向消费者宣扬一种观念,用它的广告语表示即为:为你解开手洗束缚,碧浪特有的漂渍因子,为你带来一如手洗的洁净,从此不再做手洗奴隶。虽然碧浪的产品只出现在画面右下角小小的位置,但由于其画面有吸引消费者深思的魅力,因此广告无疑是成功的。这个广告告诉我们洗衣粉不但能洗净衣物,而且能带给我们自由。

图4-7 碧浪洗衣粉广告"为你解开手洗束缚"

(二)异类组合

两种或两种以上不同类型的思想或概念的组合,以及不同的物质产品的组合,都属于异类组合。如手表项链、日历收音机等。

异类组合的特点是组合对象(思想或物品)原来互不相干,也无主次关系,参与组合时,双方从意义、原则、功能等某一方面或多方面相互渗透,整体变化显著。

(三)同物组合

同物组合即若干相同事物的组合,如"母子灯""双拉锁"等。同物组合的特点:组合对象是两个或两个以上同一事物。组合后其基本原理和结构没有发生根本性变化,但产生的新功能、发生的新意义则是事物单独存在时所没有的。

(四)重新组合

重新组合简称重组,即在事物的不同层次上分解原来的组合,然后以新的意图重新组合。其特点是组合在一件事物上进行,组合一般不增加新的东西,主要是改变事物各组成部分的相互关系。如搭积木、转魔方就是一种重新组合。

例如,图4-8所呈现的Curtis tea品牌广告,这个别出心裁的广告非常有创意地把各种水果与茶壶组合在一起,强调出的品牌魅力无法阻挡。

图 4-8　Curtis tea 品牌广告

四、列举法

列举法是在美国内布拉斯加大学的克劳福德(Robert Crawford)教授创造的属性列举法基础上形成的。这种创造技法人为地按照某种规律列举出创造对象的要素,分别加以研究,以探求创造的落脚点和方案。列举法运用了分解和分析的方法,是一种最基本的创造技法。列举法应用广泛,常用于简单设想的形成和发明目标的确定。这种技法对一具体事物的特定对象(如特点、优缺点等)从逻辑上进行分析,并将其本质内容全面地一一地罗列出来,再针对列出的项目一一提出改进的方法。

列举法基本上有四种:属性列举法、希望点列举法、优点列举法和缺点列举法。

(一)属性列举法

属性列举法是克劳福德教授在1954年所提倡的一种著名的创意思维策略。此法强调使用者在创造的过程中观察和分析事物或问题的特性或属性,然后针对每项特性提出改良或改变的构想,即把所研究的对象分解成细小的组成部分,各部分具有的功能、特征、属性、与整体的关系等,尽量全部列举出来,并做详细记录。这种方法的核心思想是从不同的角度将事物的特性列举出来,再针对所列的每一项属性进行详细的分析研究,进而寻求可能的改进或突破方案。这是一种利用发射性思维突破思维定式的创造技法。

(二)希望点列举法

希望点列举法是偏向理想型设定的思考,是通过不断提出"希望可以""怎样才能更好"等理想和愿望,使原本的问题聚合成焦点,再针对这些理想和愿望提出达成的方法。

希望点列举法的步骤是先决定主题,然后列举主题的希望点,再根据选出的希望点来考虑实现方法。

(三)优点列举法

优点列举法是一种逐一列出事物优点,进而探求解决问题和改善对策的方法。

优点列举法的步骤:①决定主题;②列举主题的优点;③选出优点;④根据选出的优点来考虑如何让优点扩大。

(四)缺点列举法

缺点列举法是偏向改善现状型的思考,不断检讨事物的各种缺点及缺漏,再针对这些缺点一一提出解决问题的方法和改善对策。

缺点列举法的步骤是先决定主题,然后列举主题的缺点,再根据选出的缺点来考虑改善方法。

思考题

1. 请分组运用顺向思维与逆向思维方式创意设计一个文化广告。
2. 请分组运用头脑风暴式思维方法创意设计一组公益广告。

第五章

广告创意与策划的流程与执行

创意对广告创作人员的素质要求很高，创意人往往需要具有对大千世界强烈的好奇心、对新鲜事物由衷的热忱、聪明的大脑以及天才的想象力和领悟能力。但也要清醒地认识到，创意是一个具有完整体系的操作过程，仅凭个体行为和奇思妙想是远远不能完成真正的广告创意的。创意任务的顺利执行必须以科学、有条理的工作流程作为保证。因此，熟悉广告创意与策划的流程，是完成创意的必要条件，对广告创意与策划的执行，又是广告创意与策划的进一步延展。

第一节 广告创意流程

当代著名的广告大师韦伯·扬认为：广告创意的产生如同生产福特汽车那么肯定，创意并非一刹那的灵光乍现，而是经过了一个复杂而曲折的过程。广告创意是靠广告人头脑中的各种知识和阅历积累而成，是通过一连串看不见、摸不着的心理过程制造出来的。韦伯·扬把创意的产生比喻为"魔岛浮现"：在古代航海时代，水手传说中的突然闪现、令人琢磨不定的魔岛，就如同广告人的创意一般。魔岛其实是在海中长年积累形成，悄然浮出海面的。创意从表面上看是"眉头一皱，计上心来"的灵感，实际上却是"十月怀胎，一朝分娩"的产物。

无论创意多么神秘，作为人类的创造性活动，其思考过程总还是有迹可循的。关于具体的创意流程，不同的广告专家站在不同的角度产生了不同看法，下面概括了几种常见的广告创意流程（见表 5-1）。

表 5-1 常见的广告创意流程

代表人物	流程阶段	流程内容
约瑟夫·华莱士	四阶段	准备—酝酿—顿悟—完善
冯·奥克	四阶段	探险家—艺术家—法官—战士
韦伯·扬	五阶段	收集信息—消化资料—综合孵化—灵光突现—付诸实施
G.塞利物	七阶段	恋爱或情欲—受胎—怀孕—产前阵痛—分娩—查看与检验—生活

英国心理学家华莱士的四阶段流程包括准备期、酝酿期、顿悟期、完善期四个阶段。准备期主要靠认知、记忆进行思维，在学习知识的基础上，结合经验搜集有关问题的资料；酝酿期是指个人集中精力，专心思考，思维自由驰骋，潜意识积极活跃；顿悟期是灵光乍现，弄清楚问题的关键所在；完善期是将顿悟的观念加以实施，以验证是否可行。

冯·奥克提出的四阶段模式，每个创意人在创意过程的不同阶段分别扮演不同的角色：探险家——寻找新的信息，关注异常模式；艺术家——实验并实施各种方法，寻找独特创意；法官——评估实验结果，判断哪种构思最实用；战士——战胜困难，克服障碍，直到实现创意概念。

韦伯·扬则通过对自己经验的总结和分析，认为产生广告创意大致包括五个过程：收集资料——当前相关问题的资料以及将来会增长你一般知识的资料；消化资料——在你的脑海中消化运用这些资料；孵化阶段——综合酝酿，将一些东西丢入潜意识中进行合成工作；创意产生阶段——灵感诞生的阶段；完善和论证阶段——使创意（点子）可以被有效地运用。

加拿大内分泌专家、应力学说创立者 G.塞利物则把创意的产生与生殖过程相类比，提出恋爱或情欲、受胎、怀孕、产前阵痛、分娩、查看与检验、生活七阶段创意流程模式。

这里我们以英国心理学家华莱士的观点为蓝本，对广告创意流程做一详细介绍。

一、准备期：信息咀嚼

准备期即收集资料和分析资料阶段，主要是收集材料并从中寻求诉求点或定位点，分析有关事项，创造有关条件，并预见可能遇到的困难和后果。这个阶段往往是广告人心理高度紧张和全神贯注的时期。

（一）收集资料

收集资料是广告创意的前期准备阶段，也是广告创意的第一阶段。这一阶段的核心是为广告创意收集、整理、分析信息、事实和材料。收集的资料主要有两部分：特定资料和一般资料。

1. 特定资料

特定资料是指那些与创意密切相关的产品或服务、消费者及竞争者等方面的资料。这是广告创意的主要依据，创意者必须对特定资料有全面而深刻的认识，才有可能发现产品或服务与目标消费者之间存在的某种特殊的关联性，这样才能促使创意的产生。有能力的创意人员，不会认为他的工作只是做一则或一套广告，他一定会下功夫去了解影响产品销售的其他因素。韦伯·扬举了一个关于肥皂广告的例子：起初，他找不出任何一种不同于许多肥皂所说过的特性，但做了一项肥皂与皮肤以及头发的相关研究后，结果得到有关这个题目的相当厚的一本书，而在此书中，他连续得到广告文案创意达五年之久。在这五年中，这些创意使肥皂销售增长十倍之多。

这就是收集特定资料的重要意义。灵感的出现都是在长期的、艰苦的资料储备和思想酝酿之后，它绝不会无中生有，必须依赖于对现有的特定资料进行重新组合才会叩开你的心门。因此，不掌握特定资料，创意就成了无本之木、无源之水。

2. 一般资料

一般资料是指所有那些令你感兴趣的日常琐事，即创意者个人必须具备的知识和信息。这是人们进行创造的基本条件。不论你进行什么创意，都绝不会超出你的知识范畴。可以说，广告创意者的知识结构和信息储备直接影响着广告创意的质量。

收集一般资料，说白了就是要做生活的有心人，随时注意观察生活、体验生活，并把观察到的新信息、体验到的新感觉收集和记录下来，以备创意的厚积薄发之用。广告大师李奥·贝纳在谈到他的天才创意时说，创意秘诀就在他的文件夹和资料剪贴簿内。他说："我有一个大夹子，我称之为 corning language（不足称道的语言），无论何时何地，只要我听到一些使我感动的只言片语，特别是适合表现一个构思或者是使此构思活灵活现、增色添音，或者表示任何种类的构思——我就把它收进文件夹内。我另有一个档案簿，鼓胀胀的一大包，里面全是值得保留的广告，我拥有它已经有 25 年了。我每个星期都查阅杂志，每天早上看《纽约时报》以及芝加哥的《华尔街日报》，我把各种吸引我的广告撕下来，因为它们都做了有效的传播，或是在表现的态度上，或是在标题上，或是其他的方面。大约每年有两次，我会很快将那个档案翻一遍，并不是有意要在上面抄任何东西，而是想激发出某种能够运用到我们现在做的工作上的东西来。"李奥·贝纳的话具有很强的代表性，国内外许多在创意上有杰出表现的广告大师都是这样收集积累资料，从而形成创意源泉的。

在日常生活中，我们每天都会碰到各种各样的人、事，平时读书或独坐，会涌现各种各样的心念和情感，这种时候，事物的新鲜意味常会电光石火似的忽然来到头脑中，把它捉住就可以引发创意。收集这些原始资料是一件很烦琐的事，因此需要广告创意者有一份耐心、有一份坚持，最好用专门的记事本、剪贴簿或索引卡片分门别类，整理归档。

（二）分析资料

分析资料是广告创意的后期准备阶段。分析资料主要是对收集来的一大堆资料进行分析、归纳和整理，从中找出商品或服务最有特色的地方，即找到广告的诉求点，然后进一步找出最能吸引消费者的地方，以确定广告的主要诉求点，即定位点。这样，广告创意的基本概念就比较清晰了。

韦伯·扬把这一阶段称为"信息的咀嚼"阶段,创意者要用自己"心智的触角到处加以触试",从人性需求和产品特质的关联处去寻求创意。创意者如果能在看似毫无关联的事实之间找出它们的相关性,并对它们进行新的组合,就能产生精彩的创意。

二、酝酿期:信息消化

酝酿期是广告创意的潜伏阶段。经过长时间绞尽脑汁的思考后,创意者可以放松一下,暂时离开困扰的问题,把注意力转移到别的地方,去做一些轻松愉快的事情,比如散步、淋浴、听音乐等。这里讲的转移不是扔掉,而是一种轻松的腾挪,带着淡淡的问题意识去放松,撒开原先思考的定式限制。本阶段的主要特点就是"松弛"下来,使人的心理从紧张的"动态"转变为解脱式的"静态",亦即"将活动的重点从意识区转向无意识区"。本阶段是恢复潜意识的自由、舒展的活动状态,孕育灵感和触发顿悟的时期。

说不定什么时候,灵感就会突然闪现在脑际,从而产生创意。化学家门捷列夫为了研究元素周期,连续三天三夜不停地排列组合,却未能解决问题。他疲劳至极,趴在桌上不知不觉睡着了。在梦中,他竟然把元素周期排出来了。醒后他马上把它们记下来。后来,经过核实,只有一个元素排错了位置,其他都正确。他就这样首创了元素周期表。

事实上,大多数创意灵感都是在轻松悠闲的身心状态下产生的。1983年,日本曾对其国内821位发明家产生灵感的地点做了一次调查,发现其灵感的产生,在家中者占42%,在户外的占40%,在工作单位的则占18%。

可见,人处于松弛状态比处于紧张状态更能创造性地思考。在工作单位,人的身心比较紧张,故灵感较少;在家中和户外,人的身心都很放松,故易产生灵感。

三、顿悟期:灵感捕捉

顿悟期是指经过酝酿后,创造性思路柳暗花明、豁然开朗。它常以"突发"式的醒悟、"偶然性"的获得、"无中生有"式的闪现或"戏剧性"的巧遇为其表现形式。如果说酝酿期是创造过程中量的积累和循序渐进,那么,顿悟期就是创造过程中质的突破和飞跃。顿悟期是创造过程中质的转折点,使整个创造过程上升到一个新的更高的层次。

韦伯·扬把这一阶段称为"灵光闪现"阶段。灵光闪现也称为"尤里卡效应"。"尤里卡"是希腊语,意为"我想出来了"。当年,古希腊科学家阿基米德被要求在不能有任何损伤的条件下鉴定皇冠中的含金量。他百思不得其解,疲劳至极,便想放松一下洗个澡。他躺进浴缸中,热水沿着盆沿溢出来。突然,他脑子里灵光一闪:通过称量皇冠排出的水量来确定总的体积,进而算出比重,不就能判定了吗?他高兴得忘了穿衣服就跑到大街上欢呼"尤里卡"。他用这种办法判明皇冠中掺入了银子。这种发明方法被后世称为"尤里卡效应"。广告创意者高呼"尤里卡"时,就意味着创意诞生了。

创意的出现往往是"踏破铁鞋无觅处,得来全不费功夫"。创意者经过长期的酝酿、思考之后,一旦得到某些事物的刺激或触发,脑子中建立的零散的、间断的、暂时的联系,就会如同电路接通那样突然大放光彩,使人恍然大悟、茅塞顿开。稍纵即逝是灵感来临时的最大特点,往往是一瞬间,一不留神,灵感可能就从你烦乱的思绪中溜走,因此,当灵感突然降临时,应立即捕捉,并记录在案。爱因斯坦有一次在和朋友交谈时,突然灵光闪现,他急忙找纸,一时没找到,竟迫不及待在朋友家的新桌布上写了起来。

四、完善期:创意验证

完善期也是论证期,要用科学的和艺术的手段来检验论证创造成果是否合理、严密和可行。创意刚刚出现时,常常是模糊、粗糙和支离破碎的,它往往只是一个十分粗糙的雏形、一道十分微弱的"曙光",其中往往含有不尽合理的部分,因此,还需要下一番功夫仔细推敲和进行必要的调查与完善。验证时可以将新产生的创意交予其他广告同仁审阅、评论,使之不断完善、不断成熟。

广告创意的准备期、酝酿期和顿悟期三个阶段，正好印证了王国维先生做学问的三种境界："昨夜西风凋碧树，独上高楼，望尽天涯路"，此第一境界也；"衣带渐宽终不悔，为伊消得人憔悴"，此为第二境界；"众里寻他千百度，蓦然回首，那人却在，灯火阑珊处"，此为第三境界。经过此三境界，广告创意还未完成，第四境界，即完善阶段，可形容为李清照《如梦令》中"争渡，争渡，惊起一滩鸥鹭"。

通过对广告创意产生过程的了解，我们可以揭开创意的神秘面纱，认清创意的"庐山真面目"，把握创意的发展规律，从而创造出"确有效果"的广告创意。

第二节 广告创意与策划的执行与管理

再有创意的策划，如果得不到好的执行，也不能脱颖而出。任何一个广告活动都有从创意策划、设计制作、媒介购买、媒介发布到效果评估的过程。广告创意与策划的执行是确保广告活动按计划进行，实现战略目标的重要环节。

广告作为一种具有强烈商业特征的传播艺术，专业性极强。因为广告兼具商业性和艺术性两重特性，这就要求管理者必须具备专业的素质和掌握一整套科学的业务流程，才能实现对广告创意与策划的成功管理。广告管理的能力至少应包括将广告活动与企业营销战略进行衔接的能力，对策略准确执行的能力，管理协调广告公司、广告主及媒体三者之间关系的能力等。是否具备专业化的业务素质和整合内、外部相关资源的能力，是考察广告执行管理水平的核心指标，而管理能力的高低将直接影响企业广告活动的质量和效益，进而决定企业广告投资的收益率。

一、广告创意与策划的执行

广告创意与策划的执行，其实质就是广告表现，即将停留在创意策划者脑海中或纸上的构想、文字，转化成直观的、可感知的、有具体形式的广告作品。广告创意与策划的执行并非广告创意的机械物化，而是运用丰富的艺术表现手段，在选择语言、合理利用媒体优势和完成特定的信息编排过程中，进行艺术的再创造，是广告创意与策划的进一步延展。

广告创意与策划的执行因媒体的不同而有所区别。

1. 平面广告

平面广告主要是指以报纸、杂志、海报、传单、日历等媒介为载体的广告作品。平面广告一般由图形、文字、商标和色彩构成，作用于受众的视觉系统。平面广告创意要突出卖点、通俗易懂、新颖独特、引发联想，广告表现关键在于视觉传达设计。在视觉传达设计中，主要是如何安排对比和协调问题，包括视觉元素的对比和协调、色彩明暗的安排、广告位置的选择等。

2. 广播广告

广播广告主要是通过声音进行传播，作用于受众的听觉系统，具有传播快速、重复性好、灵活通俗、富于想象的特点，其感染力来源于由声音构成的听觉形象和联想。广播广告的表现形式有对话式、解说式、报道式和演唱式等。广播广告在创意表现的时候，主要是利用语言、音乐、音响的组合突出广告主题的意境，广告用语要力求简洁、口语化和避免同音字歧义的产生。

3. 电视广告

电视广告主要借助图像和声音进行广告宣传，作用于受众的视觉和听觉系统，具有生动形象、图文并茂、传播广泛的特点。在电视广告中，生动的电视图像是广告的主要表现手段，而声音是必不可少的组成部分。按照宣传重点的不同，电视广告可分为商品型、促销型和品牌型三种。在电视广告表现方面，要注意广告信息的时间长短和顺序问题，因为时间越长，广告信息量就可以越多一些，就越容易给受众留下印象。另外，电视画面出现的顺序不同，显示的含义就会不同。

4. 网络广告

网络广告主要借助网页来发布广告信息，除了具有视听媒体的优势外，还具有互动性强、灵活逼真、持续时间长等特点。由于网络广告的受众具有一定的自主选择性，所以网络广告表现要力求简洁生动。为了满足受众的娱乐需要，网络广告可以利用网络技术，将商品信息和视觉虚拟相结合，提供有益的娱乐内容。

二、广告创意与策划的管理

广告创意与策划的管理，是指根据事先确定的标准（如企业目标、广告诉求点、预算额度、活动效果等），对广告活动的各个环节进行审查、测评、纠正。因为整个广告活动需要很多不同企业和部门的协同配合，市场状况随时变化，再周密的策划往往也会出现各种偏差。比如：广告活动偏离了营销活动要求的预期目标；广告诉求或媒体组合与目标受众出现了偏离，传播效果不佳；竞争对手改变策略或营销环境出现重大变化；广告费用大大超出预算，出现浪费等。这就需要通过全程的管理来保证目标的实现。通过管理，可以掌握广告活动的每一个环节，及时发现和纠正广告活动过程中存在的问题，把好广告作品和媒体投放的质量关，避免各种失误。同时，监管也能及时掌控市场竞争动态，提高企业的应变能力，随时根据市场变动调整广告传播策略。

广告创意与策划的管理包括执行前的审查、执行中的监控和事后的效果评估及反馈。

（一）执行前的审查

广告执行前的审查是大方向的审查，是所有广告审查管理中最重要的工作。参加审查的人员一般包括企业负责人、各产品经理、广告代理商的项目负责人、业界专家等。审查的主要内容包括广告方案审查和广告预算审查。

1. 广告方案审查

这类审查属于广告决策性审查，着眼于整个广告策划方案的整体性、可行性和创造性。主要内容有：一是审查广告策划方案与企业的经营目标、价值观、风格、营销目标之间的关系；二是审查广告与各营销工具之间的配合关系；三是对广告策划方案中的主要措施、关键步骤、媒体策略等进行审查，从多角度进行论证。

2. 广告预算审查

企业广告活动的顺利进行，需要企业提供相应的财务支持。尤其是当企业准备展开大规模的广告活动时，企业更应提前检视自己的资金供应能力以及企业内部对资金的计划、统筹和平衡能力，以避免由于广告资金的大量投入而引发企业内部的财务失衡，导致现金流的危机，给企业的正常运营带来风险。由于广告资金投入过大而拖垮企业的负面例子有不少。预算审查一般由广告主和广告公司组成一个专门的小组负责审计。这里的预算审查是整体性、前瞻性的，一方面要审查广告的各项开支是否合理，会不会超出预算；另一方面要综合考核支出和效益之比，对那些效益低下又耗资严重的支出应该及时调整。

（二）执行过程中的监控

广告执行过程中的监控是广告执行管理中的重中之重，因为任何活动，执行力都是第一要素。如果没有执行力，即使很合理的计划也会出现偏差。广告执行中的监控，分为技术监控和媒体发布监控。

1. 技术监控

技术监控是指主管人员深入广告的设计制作、媒体购买的现场，检查和指导下属，包括广告文稿的审查、广告样片的审查、媒体购买和发布方案的审核，对各部门的工作流程安排、质量和预算使用进行控制。技术监控一般由广告创意部的人员负责，主要是为了确保广告创意得到真正的贯彻，并能按时提交方案或作品。

2. 媒体发布监控

广告作品必须发布在事先购买的媒体上，才能与广大受众见面。在这个过程中，管理人员必须进行全程监控，除了保证整个发布过程有序进行外，还应该对发布的状况进行监看监听。比如刊播的内容和时间是否准确，刊播的频次是否符合合同要求，传播力度是否符合目标，各类媒体广告的风格是否一致，受众和市场的反应如何等。媒体发布监控主要是保证媒体策略的有效执行，同时可以进行及时评估或做出调整。

（三）事后的评估和反馈

事后的评估和反馈是调查广告活动执行后产生的影响和效果，并进行评估，作为下一轮广告活动的依据。

第三节　广告媒体战略

广告媒体战略，是企业营销策略的延伸，是立足于企业发展的全局，在营销目标与广告目标保持一致的前提下，对广告媒体进行通盘的统筹规划，使企业的广告传播具有整体性、系统性和连续性；是对分阶段实施的局部传播行为的规范，使企业的局部媒体活动不致偏离广告的既定方向与目标。具体来说，广告媒体战略是为媒体活动制定明确的方针战略，是对媒体选择、媒体组合、传播机会、传播目标、传播效果等做出明确的、原则性的规定，以保证企业广告达到预定目标。

制定广告媒体战略主要应从以下几方面着手：

一、确定广告媒体预算

广告媒体预算是指广告主预先计划投放媒体的广告费用，一般占广告费用总额的80%～85%。制定广告媒体预算不只是单纯地确定要花费多少广告费，还必须和广告目标联系起来。也就是说，要确保在广告媒体预算范围内，完成广告媒体目标所规定的任务。

确定广告媒体预算的方法有很多，常用的主要有以下几种：

1. 销售额百分比法

销售额百分比法，就是企业以一定时期内产品销售额的一定比例，匡算出广告媒体费用总额。这是最常用的一种广告媒体预算编制方法，具体分为两种：

（1）上年销售额百分比法：企业以上一年度产品销售额的一定比例的数额作为本年度广告媒体费用的一种方法。如某企业2021年的销售额是10亿元，若以2%的比例确定2022年的广告媒体预算，则2022年广告媒体预算总额为0.2亿元。

（2）下年销售额百分比法：企业以下一年度的销售额计划为依据，确定一定比例的资金用于广告活动。如某企业2023年的销售计划为100亿元，如果将销售额的2%用于广告预算，则2022年的广告预算总额为2亿元。

2. 竞争对比法

竞争对比法，是指企业根据竞争对手的广告媒体预算来确定自己的广告媒体预算的一种方法。

广告媒体费用总额＝主要竞争对手的广告媒体费用额÷主要竞争对手的市场占有率×本企业市场占有率

或者：

广告媒体费用总额＝主要竞争对手的广告媒体费用额÷主要竞争对手的市场占有率×本企业预期的市场占有率

运用竞争对比法的关键是要了解主要竞争对手的市场地位与广告媒体费用额。如果企业想保持与竞争对手相同的市场地位，则可以根据竞争对手的广告费率来确定自己的广告规模；如果企业想扩大市场地位，则可根据比竞争对手高的广告费率来确定自己的广告媒体费用总额。

3. 量力而行法

量力而行法，就是指企业根据自己的经济实力即财务承受能力，来确定广告媒体费用总额。"量力而行"是指企业将所有不可避免的投资和开支除去之后，再根据剩余来确定广告媒体预算，将广告看作一种投资而不是一种耗费，比较适用于小企业。

二、确定广告媒体目标

广告媒体目标是指广告媒体在一定媒体预算下，送达目标市场消费者什么样的信息。通常情况下，广告媒体目标的确定要回答以下四个问题：

（一）确定广告对象——要传播到什么人

首先要确定广告传播的目标对象，它是决定广告效果的重要因素。必须对广告媒体的目标对象有全面的认识，一般可以他们的社会经济特性（如年龄、性别、收入、受教育程度、种族、家庭规模，以及职业、社会阶层等）来加以确定。另外，还可以广告产品的购买者、使用者和消费者的心理特征、生活形态的特性为标准来确定。如果存在多种广告对象，就要明确指出对于该广告媒体而言，不同广告对象的重要程度。例如，广告策划者已确定该产品广告的对象是年轻人，其中以男性为主，占到70%，在选择广告媒体时，就要落实这一比例。

（二）确定广告信息——要传播什么具体内容

广告信息就是通过广告媒体向广告对象传播的有关产品或服务的相关信息，这些信息能引起消费者对该企业某种产品或某项服务的兴趣，从而发生购买行为。常见的广告信息目的主要有以下几种：

(1)提高产品的品牌知名度；
(2)促使消费者改变不利于本品牌产品的某种态度；
(3)向消费者介绍一种新产品；
(4)加强企业的促销推广活动；
(5)提醒老顾客，以建立他们对该品牌的忠诚度；
(6)与一种新上市的产品展开竞争；
(7)鼓励该产品的推销人员。

（三）确定广告地区——广告在何地出现

在决定广告出现的地域时，要考虑以下问题：

(1)全国性、区域性与地方性广告的相互配合；
(2)人口密度；
(3)产品在不同地区的销售状况；

(4)产品销售种类的特性;
(5)各个地区市场上同类产品的竞争状况。

(四)确定广告时机——广告何时出现

广告时机的选择,是广告策划的重要内容,也是媒体选择程序中的重要步骤。广告时机是在特定媒体上出现的时间。广告时机确定的依据是消费者大概会在何时购买,大概在何时具备购买的条件。常见的广告时机有以下几种:

(1)在产品销售旺季之前出现,以引导销售旺季;
(2)在一年内平均出现,以顺应每月的产品销售;
(3)在企业开展促销活动时出现,以促进企业的产品推广活动;
(4)在竞争产品进行广告宣传时出现;
(5)在新产品上市前出现;
(6)当季节变化、节假日来临之际,在媒体上刊播广告。

三、确定广告媒体策略

为了保证媒体战略的实施和媒体目标的实现,每一个广告主都应审慎地制定媒体策略。要贯彻落实广告媒体策略,首先就要对选用何种广告媒体做出决定。

(一)确定合适的媒体

概括地讲,在选择广告媒体时,一般先要确定媒体类型,再对选出的各类别中的某些特定媒体进行综合考察评估,从而做出选择。

1. 确定媒体类型

确定媒体类型就是确定应采用哪类媒体,如究竟是在广播、电视上做广告,还是在报纸、杂志上做广告等。确定媒体类型主要应进行以下几方面的分析:

(1)各类媒体的费用档次,凡是广告媒体预算支付不起的媒体就应该从考虑的范围中划掉;
(2)同类媒体的优缺点比较,根据广告活动的需要看媒体各自的优劣、长短;
(3)同以前广告的连接问题,若本次广告活动所采用的媒体同前几次一致,则容易产生积累的效果;
(4)广告竞争状况,考虑所采用的媒体能否同竞争对手的广告攻势相抗衡,以配合企业的整体竞争战略。

2. 考察具体媒体

选定了媒体类型后,就涉及一个具体媒体工具的选择问题。例如,一个5秒的电视广告是选择放在CCTV《天气预报》后,还是《焦点访谈》后?是在一个黄金时段的电视连续剧播出后,还是在一个体育比赛后?这时,就要进行综合考察,通过各种指标对具体的广告媒体进行评价。

常见的广告媒体评价指标有以下几种:

(1)每千个媒体接触者费用。

每千个媒体接触者费用是将信息送到1000个广告媒体的沟通对象所需花费的广告预算。其计算公式为:

每千个媒体接触者费用(千人成本)=广告媒体的绝对费用/预计传播对象的人数(以千人为单位)

如甲杂志拥有10万读者,其大16开整页广告费用为4万元,乙杂志拥有20万读者,其相同规格的广告费为6万元,则甲杂志的千人成本为400元,乙杂志千人成本为300元。这样一比较,可以测知在乙杂志上登广告合算。

但在实际工作中,情况往往并非如此简单,运用千人成本比较法还需做进一步分析,包括媒体接触者是否都是广告的目标对象,所有媒体接触者是否都已看到商品广告,不同媒体之间的影响力是否存在差别等。

(2)观(听)众率。

观(听)众率是指在一个时期内(如1个月),信息通过媒体传送到家庭或个人的数目占计划传送到家庭或个人的比例。如某广告公司计划通过选定的媒体,将产品信息传递给目标市场的500万顾客,而实际上只有450万人看了这则广告,则观(听)众率就是90%。

(3)信息传播平均频率。

信息传播平均频率是指每一家庭或个人在一定时期内(如1个月)平均收到同一广告信息的次数。假定某广告在1个月内共发播4次信息,共有15万人收到,其中5万人看到1次,4万人看到2次,2万人看到3次,4万人看到4次,则信息传播平均频率的计算式为:

$$(5\times1+4\times2+2\times3+4\times4)\div15=2.33$$

(二)确定媒体组合

一般来说,一次广告活动不会只在单一的媒体上推出广告,而是在多种媒体上推出,这就涉及媒体组合的问题。媒体组合是指在某一个广告活动中,为传递广告信息而选取的各媒体工具的种类及使用程度的组合。媒体组合的目的就是达到广告效果与广告费用的平衡。

媒体组合策略有两种基本形式,即集中的媒体组合策略和多样的媒体组合策略。

1. 集中的媒体组合策略

集中的媒体组合策略是指广告主集中在一类媒体上发布广告。以杂志举例,化妆品品牌可以在《VOGUE》《ELLE》《Marie Claire》《COSMOPOLITAN》《L'OFFICIEL》等国际一线时尚杂志刊载平面广告,借用一线时尚杂志的地位来提升自身品牌形象和价值。

此策略主要集中影响被进行特别细分的受众。集中的媒体组合策略能创造出品牌易于被大众接受的氛围,尤其对于那些接触媒体有限的受众。这一策略使广告主在一种媒体中相对于竞争对手占主要地位;使消费者尤其是接触媒体范围狭窄的受众更加熟悉品牌;在高视觉性媒体上采用此策略,能激发消费者对产品或品牌的忠诚度;此外,集中购买媒体可以获得大的折扣。但是,此种策略受众到达率可能比较低;受众面比较窄,不适合多受众的传播。

2. 多样的媒体组合策略

多样的媒体组合策略是指选择多种媒体到达目标受众。这种策略对那些有着多样细分市场的商品或服务更加有效,可以通过不同的媒体对不同的目标受众传达不同的信息。此策略能向不同的目标受众传达关于品牌的各种独特利益;通过不同媒体的不同信息到达同一目标受众,可以加强其对信息的理解;运用多样的媒体组合策略,可以增加广告信息的到达率——受众暴露于多种媒体下,因而信息到达受众的可能性较大。然而,此策略会导致费用的增加,有可能影响其他重要目标的实现。

几种公认效果好的媒体组合形式如下:

(1)报纸与广播的搭配。

报纸与广播组合可使各种不同文化程度的消费者都能接收到广告信息。

(2)报纸与电视的搭配。

这种组合可使报纸广告先行,使受众通过报纸广告的文字资料对广告产品有较为全面的了解,再运用电视媒体的图像来展示产品的优良品质和产品形象,以大规模的广告宣传创造声势,配合产品销售,逐步扩大产品销售市场。

(3)报纸与杂志的搭配。

这种组合可利用报纸广告做强力推销,再借助杂志广告稳定市场;或利用报纸广告进行地区性信息传播,再借助杂志广告做全国性大范围的信息传播。

(4)电视与广播的搭配。

这种组合有利于城市与乡村的消费者都能普遍接收广告信息。

(5)报纸与销售点广告的搭配。

该组合有利于提醒消费者购买已有印象或已有购买欲望的商品。

(6) 报纸或电视与直邮广告的搭配。

这种组合以直邮广告为先锋,做试探性广告宣传,然后利用报纸或电视广告做强力推销。

(7) 直邮广告与销售点广告或海报的搭配。

这种组合可以对某一特定地区进行广告宣传,有利于巩固和发展市场。

总之,广告媒体的组合方式很多,何种组合效果最好,需视具体情况而定。要优化组合,必须根据市场状况、广告费用预算、广告时效等来妥善安排,以利于扩展广告的功效。

(三) 确定媒体排期

媒体的排期,是指在媒体上发布广告的时间安排。有效的时间安排取决于产品特性、目标消费者、营销渠道、广告目标等因素。在进行时间安排时应考虑三个因素:一是购买者流动率,即新的购买者在市场上出现的频率。购买者流动率越高,广告传播就应该更连续;二是购买频率,即在特定时间内一般消费者购买产品的次数。购买频率越高,广告就应该越连续;三是遗忘率,即消费者遗忘某品牌的速率。此速率越高,广告应该越连续。

常见的广告媒体排期如下:

1. 连续型排期

广告在整个活动期间持续发布,没有什么变动,行程涵盖整个购买周期。这是建立持续性效果的最佳途径。采用这种方式的主要有汽车、电视、房地产、日用品等一年四季都可能用,没有时间性的商品。这种方式广告投入费用高,一般为大型企业所采用,中小型企业难以承受。

2. 间歇型排期

有广告期和无广告期交替出现,比较适合于一年中需求波动较大的产品和服务。采用这种排期的主要是季节性商品或者应对竞争对手的营销活动的情况。

3. 脉冲型排期

脉冲型排期是连续型排期和间歇型排期的一种折中,很多人认为它可以使大众掌握信息更加透彻,还可以节省广告费,因此,季节性的名牌产品、具有一定市场优势的常年性产品、有强劲竞争对手的企业,以及产品处在市场旺销期的企业,常常采用此方法。

第四节 广告的整合传播

现代广告发展到20世纪80年代,由于经济全球化所导致的全面竞争格局的形成,以及信息时代媒体和传播管道多元选择所形成的新型传播障碍,新兴的营销传播模式应运而生,这就是被人们称为第四代广告新概念的整合营销传播。整合营销传播的核心是面对市场的"立体传播"和"整合传播"。

一、整合营销传播的概念及特征

(一) 整合营销传播的概念

整合营销传播(integrated marketing communications,IMC)也称整合营销沟通,兴起于20世纪80年代初

市场经济发达的美国，90年代整合营销传播的概念应运而生，一时间风靡西方企业界、营销界。在经济全球化的背景下，整合营销传播也在中国得到了广泛的传播，并一度出现"整合营销热"。

美国广告代理商协会（American Association of Advertising Agencies, the 4As）对整合营销传播所下的定义是："IMC是一个营销传播计划的概念，它注重以下综合计划的增加值，即通过评价和使用广告、直接邮寄、人员推销和公共关系等传播手段的战略作用，以提供明确、一致和最有效的传播影响力。"这一定义的关键在于使用各种促销形式使传播的影响力最大化。

被誉为"整合营销传播之父"的唐·舒尔茨认为，整合营销传播是一种适应于所有企业的信息传播及内部沟通的管理体制，而这种传播与沟通就是尽可能与其潜在的客户和其他一些公共群体（如员工、媒体、立法者等）保持一种良好的、积极的关系。舒尔茨对此做了补充说明："IMC不是以一种表情、一种声音，而是以更多的要素构成的概念。IMC是以潜在顾客和现实顾客为对象，开发并实行说服性传播的多种形态的过程。"唐·舒尔茨所在的美国西北大学美迪尔（Medill）新闻学院，作为整合营销传播的理论发源地，对IMC的定义是："IMC把品牌等与企业的所有接触点作为信息传达渠道，以直接影响消费者的购买行为为目标，是从消费者出发，运用所有手段进行有力的传播的过程。"以上定义认为IMC应代表一个更广泛的概念，而不局限于各种销售促进方式，因为消费者对一个公司及其各个品牌的了解来自他们接触到的各类信息的综合（如广告、价格、包装设计、直接营销活动、促销活动、网上信息，甚至出售产品和提供服务的商店情况）。整合营销传播的目的在于使公司所有的营销促销活动在市场上形成一个总体、综合的印象。CHANEL香水就是这样一种商品，它虽价格昂贵但有其独特的包装和品牌名称，尤其是CHANEL No.5香水（见图5-1），作为CHANEL的第一瓶香水，长方体附以利落线条的包装，简单而不花哨。此外，CHANEL香水还利用广告树立并加强其高质量、高品位的形象。1953年，CHANEL No.5香水成为第一个使用电视打广告的香水。整合营销传播的成功，使得CHANEL No.5香水直至今天依然稳坐世界销售冠军的宝座。

图5-1　香奈儿香水广告

毕业于南开大学的韩国学者申光龙博士综合各家之言，发表自己的见解如下："IMC是指企业在经营活动过程中，以由外而内的战略观点为基础，为了与利害关系者进行有效的沟通，以营销传播管理者为主体所展开的传播战略。即为了对消费者、从业人员、投资者、竞争对手等直接利害关系者和社区、大众媒体、政府、各种社会团体等间接利害关系者进行密切、有机的传播活动，营销传播管理者应当了解他们的需求，并反映到企业经营战略中，持续地提出合适的对策。为此，应首先决定符合企业实情的各种传播手段和方法的优先次序，通过计划、调整、控制等管理过程，有效地、阶段性地整合诸多企业传播活动。"该观点强调由外而内的战略。

从以上具有代表性的整合营销传播的定义,我们可以得出:整合营销传播就是以消费者为中心,以同一个传播目标来运用和协调不同的传播手段,使每一种传播手段都能在不同的阶段发挥最大、最集中的作用,最终建立品牌整体的强度和一致性,建立与消费者长期、双向的关系。

(二)整合营销传播的特征

与传统营销传播方式相比,整合营销传播具有如下特征:

1. 以消费者为核心

整合营销传播的核心和出发点是消费者,消费者始终处于中心地位,消费者是企业利润的源泉,是企业生存的根本。因此,劳特朋提出"4C"理论,认为一切传播活动都应该围绕消费者而展开。以消费者为核心的整合营销传播杜绝"由内而外"即从公司到客户的方式,而是从客户出发,"由外而内"地选择最能够满足客户对信息的需要,并促使他们购买有关产品的沟通方法。此沟通方法是一种双向沟通过程,企业必须先了解消费者所拥有的信息,然后通过某种渠道或方式让消费者向企业反馈所需要的信息,最后企业可以对消费者的需求进行有效回应。

2. 以一切接触方式为手段

整合营销传播这一特征的关键就在于:它愿意运用有利于触及目标受众的任何沟通途径,而不是先入为主地固守一种或一类媒体。邮寄广告,体育文娱活动中的促销活动,在其他品牌产品的包装上做广告,T 恤衫上的标语,店内展示和互联网网页,都可能成为与现有或潜在顾客接触的重要手段。因此,整合营销传播就是要运用一切恰当的接触方法,迅速有效地与目标受众进行沟通。Young & Rubicam 的董事长兼首席执行官曾说过:"说到底,我们(指广告公司)提供的不是广告,也不是邮寄信件、公共关系或公司定位计划,我们提供的是效果。"

3. 以"一种声音"为内在支撑点

以一种声音说话是整合营销传播的最大优势,即用多样化的营销传播手段向消费者传递同一诉求。由于消费者听见的是一种声音,他们能更有效地接收企业所传播的信息,准确辨认企业及其产品和服务。对于企业来说,这也有助于实现传播资源的合理配置,使其相对低成本的投入产出高效益。纳斯达克公司的一位营销副总裁针对该公司的奥利奥曲奇饼干曾说过:"消费者一看到'奥利奥',就会得到同样的信息。"

4. 以资料库为基础

整合营销传播过程中的一个重要环节就是根据企业所拥有的资料库来对消费者进行分析。企业要了解现有消费者和潜在消费者以及他们所拥有的信息形态,就必须在长期的营销过程中进行信息搜集,建立顾客资料库。这些信息包括消费者的各个方面,比如人口统计特征、心理统计特征、购买经历、购买行为、使用行为以及其他一些习惯等。仅仅是建立数据库还不够,企业还要不断地分析流入和持续加强的信息,从消费者的反应中分析趋势变化和消费者的关心点。

5. 以建立消费者和产品之间的关系为目的

整合营销传播的一个核心目标就是通过与消费者建立良好关系以实现其产品价值。关系是产品和消费者之间的一种持久联系,意味着多次购买甚至忠诚。从消费者一开始接触产品,企业就应整合运用各种传播手段使消费者与产品保持紧密的关系,并且互惠互利。很多公司已经认识到,建立和保持关系比不断寻找新客户更有利可图。

金龙鱼1:1:1概念通过电视广告成为广大观众印象深刻的专业名词。除了有强大的电视广告支持外,铺天盖地的平面广告也起到了很好的传播效果。后来,金龙鱼第二代调和油在各个地方卖场的货架、摊位陈列都使用了大量生动的宣传物料。另外，数量众多的公交车、送货车的车体以及零售店的门口等都大面积地出现金龙鱼新产品的广告形象。整合营销传播，大大提高了金龙鱼的品牌形象。新一代调和油"1∶1∶1"由精炼菜籽油、大豆油、玉米胚芽油、葵花籽油、花生油、芝麻油、亚麻籽油、红花籽油等8种油品调和而成，金龙鱼宣称新一代调和油巧妙结合了中国人饮食的实际情况，使人体对饱和脂肪酸、单不饱和脂肪酸、多不饱和脂肪酸的摄入量达到1∶1∶1的最佳比例，能确保营养均衡。金龙鱼实现了跟消费者的真正沟通，深度传播自己产品有益于健康的创新行为。

二、广告的整合传播

广告是传递商品信息、实现销售的重要传播手段，是整合营销传播的重要组成部分，也是整合营销传播成功的关键。作为整合营销传播系统中的一个子系统，广告也要以整合的优势进行传播，配合使用不同的传播媒体，保持广告信息的一致，让不同媒体的受众能获得关于同一品牌的清晰一致的信息；同时还要对不同发展阶段的广告进行整合，以保持广告传播在时间上的一致性，从而塑造一致的品牌形象，积累品牌资产，大大提高广告的传播效果。广告策划的整合传播必须要以消费者为核心作为整合的原则，综合协调地使用各种传播形式，更有效地实现传播效果和营销效果，避免传统传播方式造成的传播无效和浪费。企业在进行广告整合传播时应该把握好以下几点：

（一）广告信息的整合

这是一个广告信息爆炸的社会，无数的企业争先恐后地向消费者推荐产品或服务，历数它们的种种优点和好处，不停地规劝、诱导，甚至是轻度地威胁和恐吓，市场上的广告嘈杂之声四起。人们每天受到大约1600条商业信息的轰炸，但是只对80条有意识和大约12条有反应。也就是说，消费者只选择相当少的信息，并根据自己的已有经验理解接受，做出相应的反应。

同时媒体创新的速度越来越快，媒体的细分化趋势日益明显，为了达到传播效果，很多企业选择多种媒体，经由多种渠道向消费者进行宣传。这样，消费者就面临着从各种各样的媒体上接收关于同一品牌的形式与种类各异的广告的境况，不可避免地会出现广告信息的冲突，因此，不同媒体信息的整合非常必要。广告信息的整合可以从以下三个方面考虑。

1. 传播清晰一致的信息

消费者如何在爆满的信息海洋中获取所需信息并加以组织是一个值得研究的问题。专家分析，消费者正进入一个"浅尝资讯式购买决策"的时代，即消费者在众多的信息中只选取所需的一小部分，并按自己的理解加以组织，然后据此做出购买决策。消费者搜集少量产品信息就做出决策的趋势，对厂商是一大挑战。针对消费者这种"浅尝"式的信息处理方式，广告创作要注重传播清晰一致的信息，以易于消费者的理解与接受。

金六福在开展全国性产品宣传时，广告永恒的主题就是一个"福"字，即充分发掘和丰富产品的"福文化"内涵。"金六福——中国人的福酒"给我们留下了深刻的印象；好运相伴的米卢，穿着唐装、笑嘻嘻、洋腔洋调地在中央电视台一遍又一遍地说："喝金六福酒，运气就是那么好"，更是让我们难忘；"金六福，好日子离不开它"的婚庆广告也很诱惑人；"喝了金六福，明年更有福"的广告更是给予了消费者温柔而又美好的预期。这些广告的共同点是把美好的祝福和预期的幸福作为广告的核心诉求点，而根本不提产品的功能性特点（因为有五粮液集团出品的质量形象做支撑）。广告向消费者传达了清晰一致的信息——喝金六福酒就是有福气！

2. 不同媒体的信息整合

为了提高广告的传播效果，企业经常借助不同形式的媒体和渠道进行广告发布，向消费者传播关于同一产品或品牌的广告信息。由于媒体的特点各有不同，不同媒体的广告形式也就有了不同之处，这样，同一消费者经由不同媒体接收关于同一产品或品牌的广告时,或不同消费者从不同媒体接收关于同一产品或品牌的广告时,都可能产生信息冲突现象,为避免这种情况,就必须对不同媒体的信息进行整合。

3. 针对不同受众的传播信息的整合

有的产品,尤其是日用品,市场需求总量很大,目标消费者的情况较为复杂。为了更有效地传播广告信息,实现广告目的,根据消费者不同的需求和动机,把其分为不同的目标群体,然后依据其消费特点,分别采取不同的广告诉求策略和信息表达形式,并立足于全体对各类信息进行整合。

IP(国际纸业)公司在推出"一加仑双包装"纸盒鲜奶之际,成立专案小组,对目标消费者进行了彻底分析,制定了差别化的广告诉求策略:针对普通消费者,以"同样一加仑,含有更多维他命"的核心信息,进行情感诉求,满足人们对于"健康与营养"的需求;针对超级市场,采用"消费者营养方案,增加15%的牛奶销售",以增强销售者对纸盒牛奶销量的信心;对其他间接的受众,如农场主组织、对奶产品进行管理的有关单位等,鼓励他们以结盟的方式,加入使用纸盒的行列。以上针对不同对象的差别化信息,在"纸盒可带给消费者好处"的利益点之下得以整合。

(二)媒体运用的整合

广告信息的流通要借助于相应的媒体与渠道,才能到达消费者。当今,新媒体纷纷涌现,媒体的细分化趋势也日益明显,因此广告信息可供选择的传播途径也很多,如何更合理地选择各类媒体,以更有效地发挥媒体运用的整合优势,是广告参与整合营销传播的重要内容。

(1)要考虑各媒体的覆盖地域,实现空间组织。媒体的覆盖地域要与产品的销售区域相吻合,如果产品的销售区域需由不同的媒介共同覆盖,则要仔细考虑媒体覆盖地域的交叉,更有效地利用媒体。

(2)要依商品传播的需要,采取"跟随环绕"的媒体选择策略,即随着消费者从早到晚与媒体接触,安排不同的媒体以跟随方式进行随时的说服。如早晨在家中使用广播与电视,上班途中使用户外媒体,办公室使用报纸,晚间则使用电视等媒体,营造有利于消费者接收广告信息的环境,从而大大提高广告的传播效果。

(3)要考虑各媒体的发布时间,进行时间上的整合,以形成时间上的发布优势,即在不同的时间段选择当时的优势媒体,做统一的安排,更有效地实现时间上的发布效益。

美国癌症协会ACS在创作推广防晒系数SPF15的防晒油产品的公益广告时,先对产品的潜在使用者进行分析,通过和他们谈话,了解他们如何购买、使用产品,在工作日、假期和周末都接触什么样的媒体,通过对这些资料的分析,确定使用的媒体种类。比如针对12~18岁的消费者,媒体选择为家庭/学校海报、MTV、广播、电视、报纸/杂志、记者招待会、T恤、泳帽、太阳眼镜、小册子等。事实上,在具体的操作过程中,这些媒体的运用效果很好,证明了其选择、组合的正确性。

(三)不同发展阶段的广告整合

整合营销传播除了重视空间的整合外,还要进行时间上的整合,这是成就整合营销传播,塑造强势品牌之目的的重要手段。时间上的整合就是在不同的发展阶段,运用各种形式的传播手段,传达协调一致而又渐次加强的信息,完成既定营销目标,并实现塑造品牌形象、积累品牌资产的更高任务。在这里,时间的界限有长有短,可以是一次主题广告运动——一个产品的生命周期,也可以是一个品牌的成长历程等。一般来讲,整合营销传播在开展之初都要制订缜密而严谨的整合营销计划,这样,在不同的发展阶段,广告要结合强烈的品牌个性和明确的定位制订阶段性的营销计划,制订本阶段的广告活动策略,并创作相应的广告作品,以坚持品牌的一贯形象与个性,对品牌塑造进行持续性的投资与强化。

百事可乐一直把可口可乐作为竞争对手,由于可口可乐问世较早,因此有了一批口味稳定的忠实顾客,百事可乐认为消费者的口味一般很难改变,于是把目标消费者定为13~16岁的年轻人,以培养他们的口味。

这样,百事可乐在以后的广告宣传中,把"新一代"作为整合的主题,在 1961 年创作了"现在,百事可乐献给自以为年轻的朋友!"的广告;1964 年则以"奋起吧!你是百事的一代"为广告语进行宣传;后来又邀请摇滚歌星迈克尔·杰克逊、导演比利·克里斯特尔拍摄电视广告。直至今天,仍以青春逼人的年轻人来充当百事的形象代言人。不同的营销阶段,百事的广告都以"新一代"为主题赋予品牌以年轻的内涵,塑造稳定而持久的品牌形象。

21 世纪是一个整合的世纪,广告参与整合营销是整合营销传播成功的关键。因此,广告策划的整合传播应以信息整合、媒体运用整合和时间整合等为主要手段,更好地发挥广告策划的价值,塑造品牌形象,积累品牌资产,打造强势品牌。

思考题

1. 广告创意的一般过程是怎样的?
2. 广告媒体目标包括哪些方面?
3. 试述广告媒体的评价指标。
4. 试述整合营销传播的基本原理。

案例分析

《美裳》报纸广告的调研分析

某省会城市人口 400 万人,其中年龄在 18~30 岁的年轻女性 30 万人,适宜于这些年轻女性阅读的《美裳》报在该城市每天发行 5 万份,阅读人数为 10 万人。现在某女性护肤品决定在这份报纸上做平面广告,一个月总广告费用 30 万元,广告隔天发布一次。

(资料来源:冯拾松,江梅芳. 现代广告学[M]. 北京:科学出版社,2007,有改动.)

思考:

1. 这个广告的总视听率是多少?
2. 这则广告的千人成本是多少?

案例分析

"脑白金"的媒体组合策略

脑白金最早以报媒、小册子为主导,启动市场,以终端广告相辅助。之后,随着产品渐入成长期,脑白金的媒体选择开始发生变化,报纸、电视广告成为重要的媒体组合。另外,宣传册子成为集团购买与传播产品知识的有力手段。我们分析脑白金的媒体宣传策略,应将其分为两个阶段来看:一是市场启动期(或试销期),二是市场成长期或成熟期。

在市场启动期,脑白金基本以报媒为主,选择某城市的 1~2 家报纸,以每周 1~2 次的大块新闻软文,集中火力展开猛烈攻势,随后将 10 余篇的功效软文轮番刊登,并辅以科普资料佐证。这样的软文组合,一个月后就收到了效果,市场反响强烈,报媒为产品开道,大大唤醒了消费者的需求,刺激、引导了购买欲望。与此同时,脑白金也在终端做了些室内广告,如独创的如产品大小的模拟盒、海报、POP 等,在媒体中最值得研究的是那本《席卷全球》小册子。

脑白金在成长期或成熟期,媒体重心则向电视广告转移。电视广告每天滚动播出,不断强化产品印象,广大中老年人有更多的机会接触电视,接收产品信息。脑白金电视广告分为三种版本:一为专题片;二为功效片;三为送礼片。三种版本广告相互补充,组合播放,传播力度更是不同凡响,特别是周边地区,电视广告更是主要手段。

脑白金在产品成熟期,有八部专题片,每天播放的科普片不能重复。一般在黄金时段、亚黄金时段播放一次,视具体情况而定。脑白金的送礼广告,更趋向于黄金时段,强调组合使用、系列性,但时间上要错开。

户外广告也成为脑白金中后期新增长的媒体亮点。户外广告主要是根据各区域的市场特点,有选择性地开展以下宣传,如车贴广告、车身广告、推拉广告、墙面广告与横幅。

脑白金的宣传策略时段性、时效性极强,市场启动与市场拓展时不同,销售淡旺季节不同。如节假日着重宣传礼品概念,非节假日宣传功效,其相应的媒体组合也有所调整。

(资料来源:冯拾松,江梅芳.现代广告学[M].北京:科学出版社,2007,有改动.)

思考:

1.在本材料中,脑白金选择了哪些广告媒体?为什么要选择这些广告媒体?

2.通过本案例的分析,谈谈从中得到的感悟。

第六章

平面广告创意

平面广告是相对于广播、电视等电子广告而言的,主要是指利用各种美工技法绘制而成的广告美术品。随着现代广告美术的发展,平面广告所使用的材料和载体越来越现代化、多样化,用"平面"二字已很难统括所有的广告美术品。在本章中,我们仅指传统的平面广告,如报纸、杂志、路牌、海报、直邮广告、售点广告、传单、产品目录等印刷媒体上的广告。

第一节 平面广告构成要素

平面广告是一种图文并茂、丰富周详的广告形式。其构成要素主要包括图案和文案两大部分。下面我们主要介绍广告图案的构成要素。

广告图案是指一则平面广告整体的构图设计,它的构成要素主要包括插图、文字形式、商标和色彩。

一、插图

广告插图在平面广告中,发挥着不可替代的作用。

首先,广告插图具有极强的视觉吸引力。

据调查,如果广告中有插图,那么阅读插图和说明的人是阅读正文的人的两倍。而且在阅读时,人们总是首先被五颜六色的画面所吸引,然后才转向文字。人们对图形和文字的注意度分别为78%和22%。由此可见,图画对视觉的刺激作用远远高于文字,它可以"不由分说"地飞进消费者的眼底,于瞬间抓住你的视线。生动的图像,鲜艳的色彩,有趣的符号,尽收眼底,使你"目不转睛"。因此,有人称广告插图是广告的"吸引力发生器",它在引人注目、美化版面等方面的作用是广告文字所不能替代的。

其次,广告插图具有生动的直观形象性。

广告插图是运用生动、直观的艺术来表现广告主题、传递商品信息的,因此,它能够生动形象、直观逼真地表现商品的特质,增强广告的说服力和影响力。而且还能够弥补语言文字的不足,将那些难以言传的商品信息(如造型、包装、色彩等)进行直观的视觉展现,对不同文化层次的消费者都能产生有效的沟通效果。

例如奥美广告公司为上海设计的"文明出行"系列招贴,采用了具有强烈上海韵味的插画风格,使得整个招贴生动形象,使人能瞬间把握广告宣传的主题(见图6-1)。

广告插图主要包括广告照片、绘画、卡通漫画和绘图四大类。

1. 照片

照片是平面广告中使用最普遍、最广泛的插图形式。无论是报纸、杂志,还是路牌、招贴、直邮广告、POP,都可以使用。广告中的照片一般有产品陈列照、使用现场照、使用效果照,以及和产品宣传有关的其他照片等。广告照片的特殊功能在于生动逼真、有立体感。

2. 绘画

绘画是运用色彩、线条、形象等艺术技巧来传递广告信息的一种视觉语言。

广告绘画可以是油画、水彩画、水墨画,也可以是版画、素描画或速写画。绘画不同于擅长"写实"的广告照片,它擅长于营造氛围。比如夸张地突出产品的某一特征,或夸张地表现某种情趣和幽默感。

3. 卡通漫画

卡通漫画是运用拟人的手法,把无生命的东西赋予人的性格和形象,传达广告概念;或者利用童话中的人

图 6-1 上海"文明出行"系列招贴

物作为产品形象符号,引发消费者的联想,继而产生好感。卡通漫画极具幽默性和滑稽性,对少年儿童的影响尤为显著。

4. 绘图

绘图即示意图。为了表明某些产品的内部构造、工作原理,或说明某种药品对人体机能的作用,或展示商品房屋的位置及其建筑设计,用一般的绘画或摄影都难以表现出来时,采用像机械制图或建筑蓝图那种图解式的绘图方式,描出图形,使复杂的现象条理化、抽象的概念形象化,从而使不易被了解或不易被说清的广告信息得以形象化地表述。

以上四类广告插图各有特点,无论运用哪一种类型,都是广告创意的体现。

二、文字形式

文字内容属于广告文案的组成部分,文字形式则属于广告图案的组成部分。如果图形、色彩设计得很好,而文字形式的设计很差,则会破坏整个画面,降低设计质量。文字形式包括三个方面:字体、字号和文字编排。

1. 字体

字体是指文字的书写样式。广告字体可分为三类:印刷体、手写体和美术体。

在选择字体时,必须充分考虑广告商品的特性、广告主题表现和广告整体风格特点等,尽量与其保持协调一致。如果字体的个性不能与广告的个性相吻合,就会破坏整体的美感。

在一幅广告画面中,字体不宜选用太多,以免凌乱。画面比较活泼跳动的,标题宜用端正的黑体;画面比较单一,色块面积较大的,可用活泼的美术字体。正、草体互用,可以增强美观。同时注意字体必须规范化,不能使用未经国家正式颁布使用的简体字,更不能使用错别字或繁简体混合使用。

2. 字号

字号是指字体的大小。一般而言,字号越大越引人注目,但是在一则广告中,字号的大小要服从整体构图的安排,尤其是必须与图片互相呼应,才能取得良好的视觉效果。

3. 文字编排

文字编排是指文字的位置、线条形式和方向动势。常见的文字编排形式有横排、竖排、斜排,有齐头齐尾的编排、齐头不齐尾的编排、对齐中央的编排,沿着图形编排以及将文字排成图形等多种形式。如图 6-2 至图 6-5 所示是几种比较有特色的文字编排形式。

图 6-2　对齐中央的编排

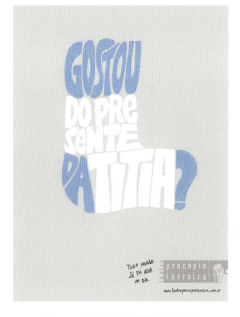

图 6-3　将文字排成图形的编排

图 6-4　将文字斜排的编排

图 6-5　齐头不齐尾的编排

三、色彩

色彩是一种最容易被人们接受的视觉语言,在广告图案中,色彩的作用举足轻重。

首先,色彩最具冲击力,可极大增强广告图案的吸引力。从视觉角度讲,色彩对视觉的刺激最强烈。在多数情况下,它比图形更快地进入人们的视野,吸引人的注意力,因而多色广告比单色广告(即黑白广告)更具吸引力。

其次,色彩可以增加广告内容的真实感。色彩可以真实地再现广告商品的本色、质感、量感和空间感,使人如临其境,如睹其物,从而增强产品的真实感,增强消费者对广告的信赖感。

最后,色彩有感情色彩和象征意义,可以有效地传达商品带给人的情感反应和心理感受。不同的颜色给人的心理感受不同,如橙色在味觉上使人感觉甜蜜,绿色给人味觉上的酸感(见图6-6)。色彩可以促进广告主和消费者之间的有效沟通。

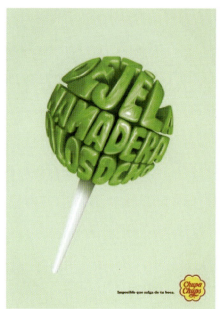

图 6-6　不同颜色给人的心理感受不同

色彩在平面广告中的应用极为普遍,大部分平面广告都是彩色广告,只有报纸广告因受媒体的限制,多为黑白广告。也有的报纸广告为了增强视觉效果,在广告的标题、口号或框边、装饰上采用套红或套绿处理,以求醒目。随着彩色报纸的出现,彩色报纸广告也应运而生。

第二节　构成要素的创意方法

一、文字的创意方法与原则

文字作为一种符号形象,是信息传播过程中较为直接、较准确的传达载体。但它不仅仅是语言符号,更是一门独立的艺术形式。最能体现文字艺术形式美感的是将文字图形化,这种方法也广泛地应用在现代广告设计中。

文字的图形化创意是根据字义将图形与文字的元素有机整合在一起,组成完整的新形象字体。它赋予了文字新的视觉含义,醒目而强烈,提高了广告视觉传达的功能。越来越多的平面广告出现了文字的图形化创意,它能使文字变得形象而又富有情趣,从而使受众快速、明了地读懂图形文字所传达的信息。这种从文字角度进行创意的作品有时更能达到过目不忘的效果。

例如图6-7所示,图中的文字做了变形处理,使单纯的文字具有了图形化的美感,不仅具备了文字基本的传达信息的作用,同时还增添了视觉上的趣味感。与单纯直接使用文字相比,显然这种方法更具设计感,更具视觉冲击力。

图 6-7 变形文字在平面设计中的应用

1. 文字创意原则

一般而言，进行文字创意设计时，需要遵循以下基本原则：

①抓住文字的主要形态特征，忽略可有可无的细枝末节。

②调整要以能够识别为前提，如果文字无法识别，那么汉字的图形化创意是没有意义的。

③要使文字条理化，呈现出一种次序美感。

2. 汉字创意方法

（1）抽调部分笔画。

格式塔心理学发现，形是由知觉活动组织成的经验中的整体。当笔画残缺时，也就是我们观察的对象的形发生变化时，知觉会激起一股将它补充或恢复到原有状态的冲动，所以用这种方法进行文字创意更容易引起受众的注意，并使其产生浓厚的兴趣。

（2）局部影绘。

局部影绘也就是局部平涂，是最大程度简化内部结构而强化轮廓特征的一种方法。它的特点是用面取代汉字的部分结构，而保留文字完整的外形。局部影绘主要适合处理闭合（如"国"字）和半闭合结构（如"云"字），而开放结构（如"广"字）一般不适于影绘处理。

（3）汉字的图像化处理。

汉字的图像化是指将图像与文字有机地结合在一起，组成一个新的视觉形象。这样的文字便具有了图像的作用，提高了沟通的能力，因而有利于视觉传达。这种方法在汉字创意中有着非常广泛的运用。例如《心灵之窗——目染篇》（见图 6-8）这则公益广告，草书的"心"字构成眼镜的镜片部分，移花接木的手法巧妙地点明了良好的心态是洞察世界、沟通世界的基础。

二、图形的创意方法

在平面广告设计中，图形创意的手法一般分为以下几种：

1. 同构

同构是指把不同的但相互间有联系的元素巧妙地结合在一起。一般而言，同构包括异形同构与元素替代两种类型。

（1）异形同构。

异形同构是指发掘两个或两个以上的不同图形的共同点，即寻找具有共性特征的部分而合成新图形。例如一个

图 6-8 "心"字公益广告

名为《我们不仅保护大熊猫》的系列平面广告,将大熊猫的造型组合成新的形象,表明了WWF公益组织对大自然的保护(见图6-9)。

图6-9　WWF公益广告

(2)元素替代。

元素替代是指利用事物之间的相似性和意念上的相异性,按照一定的需要,在保持物象基本形的基础上,将物象的某个局部用其他相类似的形象来代替,从而形成新的异常的组合。有一则鞋油广告,即采用了元素替代的方法。创作者将车内的后视镜与皮鞋形象相结合,寓意用了此鞋油油光可鉴,可以代替后视镜,从而突出此鞋油的优良品质(见图6-10)。

图6-10　鞋油广告

2. 图形重叠

图形重叠是指将两个或两个以上的图形重叠在一起,产生新的复合形象。

图形重叠可以是整体图形与整体图形相叠,也可以是局部图形与局部图形重叠,它不仅扩大了形象的视觉容量,而且保持了平面广告的平面性与叙事性,因而产生了一种新的审美情趣和价值。例如图6-11所示的高露洁牙线广告,将美味的草莓和织物的纹理重叠在一起,既富有趣味性又有创意美感,将牙线的清洁功能很生动地展示出来。

3. 形态的相似性比较

形态的相似性比较是寻找与产品形态相似的物品和产品并置或融合,使读者产生联想。平面广告中采用此方法,能使广告更具深度、更显情趣,给读者广阔的想象空间。例如一则咖啡广告(见图6-12),把咖啡豆与黑人的嘴唇并置在一起,使人产生丰富联想。

4. 反常比例

在平面广告中,反常比例是指改变物象的比例概念,使物与物之间比例失调,从而使主体形象更为突出。例如一则大众敞篷甲壳虫汽车的广告(见图6-13),将生活中常见的小植物采用特殊的角度进行拍摄,使之呈现出"参天大树"的视觉感,这种视觉上的比例失调感,增加了画面的趣味,也突出了创意点,让人觉得大众甲壳虫车身迷你而灵活。

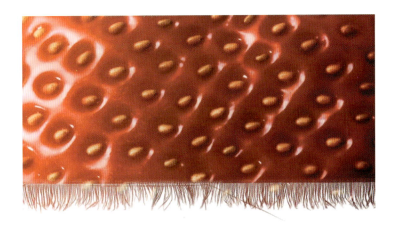

图 6-11 高露洁牙线广告

图 6-12 咖啡广告

图 6-13 大众敞篷甲壳虫汽车广告

5. 图地反转

图地反转是指图形和背景互补、相互依存,图地之间借用共同的线或面。太极图即是最典型的图地反转的例子。波兰图形创意大师莱克斯·德文斯基(Lex Drewinski)的作品《饥饿》(见图6-14)就巧妙运用了图地反转的手法,来表现穷人和富人遥不可及的差距,并揭示出贫富分化的深刻根源。

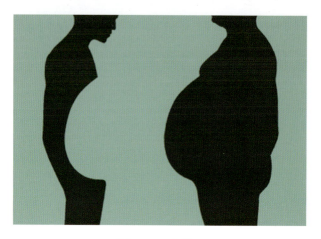

图 6-14 《饥饿》

6. 名作替换

名作替换是目前较为流行的一种图形创意手法。它把大众十分熟悉的名画、名雕塑或名流等改造为新的诙谐形象,注入一种新的意义内涵,给人一种崭新奇特的视觉印象和趣味性,从而提高了广告作品的吸引力和感染力。如图6-15,这则立意让人运动的广告就是如此,画面采用了大家都熟悉的《大卫》雕塑作为素材,以诙谐的手法传达只要不运动,"男神"也会因肥胖而变得形象全无。

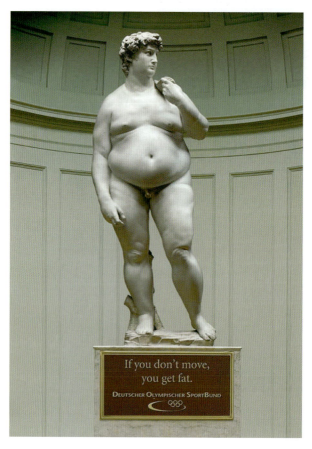

图 6-15 采用名作替换方式处理的平面广告

第三节 平面广告创意指南

一、平面广告的特点

1. 优点

平面广告作为一类古老的广告形式，在众多广告形式中依然保持其最主要的地位，它具有一系列优点。

（1）接收方便：平面广告在接收方面非常便利，电波广告必须具有一定的设备才能接收，而平面广告不受此限制。大多数平面媒体可随身携带，受众可以随时随地进行阅读。

（2）时效性强：平面媒体能够在短时间内将最新的信息通过发行渠道、邮递渠道或其他发放渠道进行传播，这样有利于广告信息在第一时间传达给受众。

（3）针对性强：平面媒体通常具有相对固定的受众群体。例如，追求时尚的年轻人热衷于报纸的时尚版，而老年人更关注健康养生版。因此，根据广告诉求选择平面媒体将更有针对性。

（4）形式多样：平面媒体类型丰富，这使得平面广告的表现形式丰富多变。

（5）便于保存：电波广告所传达的信息转瞬即逝，没有特殊的设备难以保存，而报纸、杂志等大量发行，便于读者保存。便于保存意味着读者可能再次阅读，从而提高广告效应。

（6）价格低廉：由于平面媒体制作简便，工艺不是很复杂，因此大多数平面广告的费用比电波广告低廉。

2. 不足

（1）视觉单一性：平面广告不像影视广告那样具有声音和图像两种表现方式，不能对人们的听觉产生刺激。

（2）易被忽视性：不同于视听广告，平面广告不具备声影，因此与视听广告相比，平面广告更易被忽视。

（3）静态性：尽管平面广告的媒介形式多种多样，但其基本上都是以静态的图文表现方式来传播信息的，因此在平面广告中制造动态感非常重要。

二、平面广告创意的原则

平面广告在创意时一般需要注意以下几点：

（1）创意的视觉化：必须强调广告的视觉效果。平面广告主要是诉诸读者的视觉，因此要想引起读者的注意，就必须要有强烈的视觉冲击力，从而给读者留下深刻的印象。

（2）创意的通俗化：广告文字（主要是标题、口号等）要通俗易懂，便于读者读认。

（3）创意的重点化：广告诉求要单一，不要试图在一则广告里传达太多的信息。

（4）创意的动态化：由于平面广告通常以静态的方式展现，所以不太容易吸引人们的视线，创意时要着力使版面动起来，具有动感。

（5）创意的新颖化：平面广告的创意要新颖、独特，能吸引受众的视线。任何广告创意都要求新颖，平面广告尤其如此。

（6）创意的形象化：平面广告的形象要生动、鲜明。平面广告展示给读者的只是静止的画面和抽象的文字，这就要求平面广告的创意要尽量形象化，以引起读者注意并发挥其想象力。

三、平面广告创意的方法

平面广告由于其媒体的特点——只有二维空间,其创意方法有它的独特之处,具体可概括为"凝动于静"和"删繁就简"。

(一)凝动于静

平面广告最大的特点就是其静止性,因此要想引人注意就必须使画面具有动感。具体来说,可以从以下几个方面入手:

1. 从内容着手

凝动于静就是要善于抓住最精彩或最有代表性的动态瞬间,让它凝固下来。凝动于静的平面广告甚至能够达到电视广告所无法达到的意境。如图 6-16 所示,这是一则耐克运动鞋的平面广告,从画面中我们可以明显地感受到强烈的动态感,使运动的趣味自然地呈现在画面上。这幅极具动感的海报作品,它的成功之处在于完美地把各种颜色的液体的喷溅效果呈现了出来,这种效果让图像看起来更加逼真。

图 6-16　耐克运动鞋广告

2. 从形式着手

在造型方面,直线倾向于静感,曲线趋向于动感;直线中水平线倾向于静感,垂直线倾向于动感;垂直线与倾斜线相比,垂直线倾向于静感,倾斜线倾向于动感。在方形和圆形组成的形状中,方形倾向于静感,圆形倾向于动感;线形倾向于动感,面形倾向于静感。在色彩方面,对比强烈的颜色倾向于动感,对比含蓄的颜色倾向于静感。在构图方面,均衡的构图倾向于动感,对称的构图倾向于静感;S 形或 N 形构图倾向于动感,T 形构图倾向于静感。如图 6-17 所示,斜线构图增加了画面的动感。

(二)删繁就简

平面广告具有有限篇幅,过于繁杂的内容难免加大人们接收信息的难度,加上现在人们正处于信息大爆炸的时代,这一现象更是明显。广告在传播形式上要尽可能做到删繁就简,具体来说有以下三种方法:

1. 以少胜多

以少胜多就是用简洁的画面去表现多的内容。以少胜多的"少",并不意味着画面简单无物,而是指以最直接、最简洁的方式深刻反映主题。如图 6-18 所示,这则跨页广告采用了以少胜多的方法,仅用了少量的视觉元素,却达到了良好的创意效果,生动地体现了脱毛膏的强大功效,简洁的表现形式突出了产品的形象,也提升了广告的创意感。

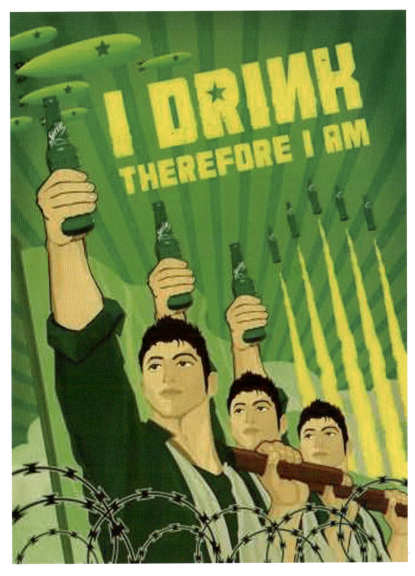

图 6-17 斜线构图增加了画面的动感

图 6-18 脱毛膏广告

图 6-19 所示是另一则跨页广告,广告采用的颜色简单,所表达的元素只有洁白的牙齿,最有趣味的是采用绳结书签来代指牙线,突出了广告的主题。整个广告无论是构图还是用色都异常简洁,但最终的视觉效果并不简单。由此可见,如果有优良的创意,即使采用的视觉元素并不多,也能达到良好的广告效果。

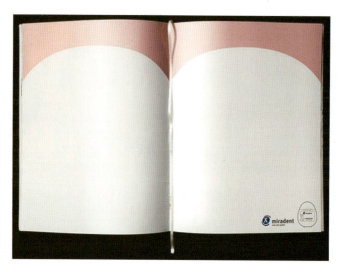

图 6-19　牙线广告

2. 以小见大

以小见大就是用小的画面去表现大的物体。以小见大的"小",是广告画面描写的焦点和视觉兴趣中心,它是广告创意的浓缩与升华。这里的"小"指的是以小喻大、小中见大的高度提炼,是对简洁的刻意追求。

以小见大的创意以独到的想象抓住一点或一个局部加以集中描写或延伸放大,更充分地表达了主题思想,为读者提供了广阔的空间,使其获得生动的情趣和丰富的联想。如图 6-20 所示的壳牌广告正是从小处着眼,从少年对煤的爱,引申到对地球、对我们生存环境的深层、执着的爱,这种以小见大的手法容易让人产生心灵共鸣。

图 6-20　壳牌广告

3. 以点概面

以点概面就是以一点观全面。它是在众多可表现的内容中选取一个最值得表现的闪光点，然后用最形象、最贴切的手法来表现。如图 6-21 所示，广告中所描绘的事件来源于贴近生活的小尴尬，这饱含幽默的表达形式恰到好处地体现出 Mylanta 公司的胃药改善消化的主要作用。与单纯的叠数据式的说明相比，无疑这种轻松幽默的方式更能让消费者接受广告所传达的信息。

图 6-21　Mylanta 公司胃药创意广告

第四节　不同类型平面广告的创意要领

上文概括地论述了平面广告的创意方法，但平面广告存在多种形式，包含范围广，不同形式、不同类型的平面广告其创意要领存在区别，本节就几种不同的媒体广告分别进行讨论。

一、报纸广告

1. 报纸广告的特点

一般而言，报纸广告具有以下特点：

(1)信息容量大。有的报纸广告可横跨两个整版,广告内容也可图文并茂,信息的容量比电视、路牌大。

(2)阅读自由,保存性强。报纸广告可以长期保存,多次翻阅。

(3)发行量大,受众多。报纸种类很多,发行面广、阅读者多。在我国,通过邮政部门发行的各种报纸数以千计,如此大的发行量,是其他任何媒体都无法比拟的。

(4)价格低廉,制作简便。与其他媒体相比,报纸广告价格较为便宜,易为广告主接受。

(5)传播迅速,时效性强。报纸的印刷和销售速度非常快,第一天的设计稿第二天就能见报,因此适合于时间性强的新产品广告和快件广告,诸如展销、庆祝、通知、航运等。

(6)易于更换。比起其他媒体,报纸广告的内容和形式的变更极其方便快捷。

以上六点都是列举的报纸广告的优势,由于报纸媒体自身的一些特征,也存在一些持久性差与有效阅读率低等缺陷。

2. 报纸广告的创意要求

创意报纸广告时,往往要受到购买版面的限制,如何最大限度地利用有限的广告版面,达到最佳的传播效果,这是创意者必须考虑的问题。一般而言,报纸广告的创意表现应遵循以下五项基本原则和要求:内容单纯,主题突出,形式醒目,表现关联,视线流畅。报纸广告如图 6-22 所示。

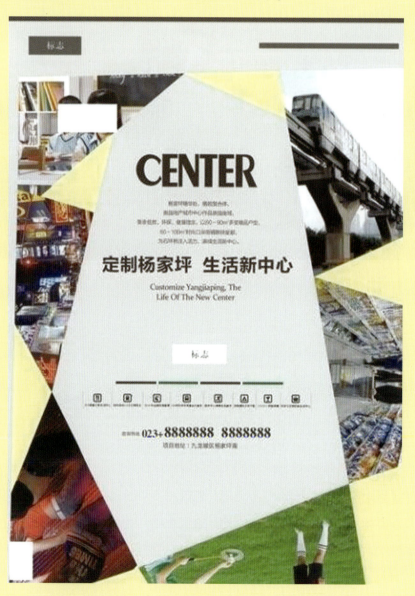

图 6-22 报纸广告

(1)内容单纯。

一般而言,报纸广告的创意表现需要单纯简洁。一次只传递一个主要信息,才能有效地凝结消费者的目光,使之无暇他顾。这个主要信息可以是广告对象所有属性中最重要、最独特的一个,也可以是整合所有特性后,归纳出的一个销售重点。

(2)主题突出。

主题凝聚着诉求重点,能够突出地表明商品的个性,因此,在创意表现时,必须紧扣主题展开设计。

(3)形式醒目。

形式醒目是指广告的图片造型、文字编排形式等与众不同,引人注目,能够于瞬间抓住读者的注意力,迅速发挥其作用。生动的造型、活泼的文字、别致的布局等,都可以达到引人注目的效果。

(4)表现关联。

任何新颖独特的表现形式都必须与产品和消费者有直接关联,而不是纯以表达形式为主,与产品或主题风马牛不相及;而且广告的各构成要素也必须有机地联系在一起,主次分明,保证各要素之间的和谐统一。

(5)视线流畅。

报纸广告构图要符合读者的视觉流程,能够有效地引导读者的视线,使之循序渐进地到达广告的诉求重点。

二、杂志广告

1. 杂志广告的特点

杂志广告是附加在杂志中的广告模式。它有许多独特的优势,如针对性、持久性和欣赏性。

(1)杂志广告针对性强。杂志有普及性的,也有专业性的。但就整体而言,大部分杂志针对性较强。所以在做杂志广告时,就要针对诉求的对象寻求适当的杂志广告媒体,不同类型的杂志刊登不同的广告,以求有的放矢。此外,订阅杂志的读者一般都有一定文化水平,因而对广告的内容有一定的理解力。

(2)广告有效期长。杂志发行短则半月,长则半年,而且人们阅读杂志的时间比较充裕,在反复阅读时,同一广告可能反复出现在读者面前。

(3)杂志广告的纸张质量一般要比报纸好,在印刷精度上要高于报纸,因此能发挥最大的颜色优势,并且可采用烫金、凹凸压印、上光等特殊印刷工艺来强化视觉效果,使读者既能获取信息,又能得到艺术上的享受。

同时,杂志广告也存在明显不足,主要体现在时效性差与费用高上。

2. 杂志广告的创意要求

(1)抓住目标受众。杂志的一大特点就是专业性强,针对这一点,在进行创意时,要注意使广告具有很强的针对性。

(2)注重图片的使用。精致的图片常使人产生愉悦的心情,使读者能在阅读时享受到一种高尚的艺术感,在心理上产生认同感,并留下深刻印象。因此,杂志广告要发挥自身的优势,采用质感细腻的图片,来增强视觉吸引力。

三、邮件广告

邮件广告简称 DM 广告,因为是通过邮寄的方式直接寄送或投递送给特定对象,所以又称直邮广告。如何让邮件广告被消费者有效阅读,正是邮件广告创意需要着重考虑的地方。

1. 邮件广告的特点

(1)针对性强。广告主通过收集到的消费者名单,有针对性地选择对象。这样投放的广告目标明确,也便于对广告进行有效控制。

(2)形式灵活。邮件广告不受时间和地域的限制,也不受篇幅限制。

(3)直接竞争少。邮件广告是直接邮寄给个人的,因此受众不受其他广告的干扰,其广告可以避免与同类产品进行面对面的竞争。

(4)制作简易,成本低廉。

2. 邮件广告的创意要求

(1)了解收信对象的基本信息,以便于提高广告效果。

(2)创意新颖、独到,使收信者乐于阅读。

(3)语言恳切、富有人情味。内容要简明,避免用命令式的口吻催促其购买;商家的基本信息和联系方式要交代清楚,便于消费者联系和购买商品。

四、招贴广告

招贴对社会经济、政治、文化的信息传播曾起着非常巨大的作用。它成本低、显效快。由于招贴通常张贴在人流密集的区域,因此招贴广告要在瞬间吸引读者的注意力,才能起到良好的广告宣传效果。

1. 招贴广告的特点

(1)覆盖面广。招贴可大量印制,广泛张贴在公共场所。

(2)费用低廉。相对于其他媒体广告而言,招贴的费用较低。

(3)传播迅速。招贴广告的印刷比较便捷,十分方便。

(4)形象鲜明。招贴简单、鲜明的形象便于人们识记。

(5)持续性强。长期张贴的招贴,会使受众反复观看,不断加深印象,从而达到广告的目的。

(6)印刷精美。制作精美的招贴可以美化环境,成为城市一景。

2. 招贴广告的创意要求

招贴广告的创意要求与报纸、杂志广告大致相同。具体来说,招贴的创意有如下几点要求:

(1)画面精致,形式美观。招贴的构图要新颖,视觉冲击力要强,这样才能引人注目。

(2)突出重点,强调个性。招贴的面积不大,人们对它的注意以无意注意为主,这就要求招贴在创意时做到突出重点,这样才能在众多招贴广告中脱颖而出,达到广告目的。

(3)标题醒目,阅读方便。不论是贴在室内还是贴在室外的招贴,都是主要供流动人群驻足观看,因此,招贴的标题一定要短小精悍,字体的选择上要使人一目了然,避免生僻字词。

思考题

1. 平面广告的构成要素有哪些?
2. 不同类型的平面广告在创意时需要注意哪些方面?

第七章

电视广告策划与创意

第一节　电视广告策略方法概说

一、概念与总体流程

1. 概念

电视广告是指一种以电视为媒体的广告,是电子广告的一种形式。它是兼有视听效果,并运用语言、声音、文字、形象、动作、表演等综合手段进行传播的信息传播方式。

2. 电视广告总体流程

在电视广告的整个操作流程中,最重要的是策划和创意阶段,广告策划和创意的质量决定了广告的优劣与成败,但几乎所有的流程和内容都与电视广告的最终表现力有关。电视广告流程图如图 7-1 所示。

图 7-1　电视广告流程图

二、策略生成的流程

好的电视广告创意人员会"坚持有策略的创意",这也是为了更有效地保证广告的最终效果。那么,创意策略从何而来？具体来说,我们应该把握以下流程:

1. 明确目的和任务

首先要非常明确广告主对这则广告的期望,也就是"广告片的目的和任务",成功的电视广告策划必须要有明确的目标。甚至可以说,准确的创意策略应该建立在这样的基础上:清楚客户最想达到的和最有可能达到的目的,再把它转换成单纯简明的两句话,告诉创意人员此次广告的目的和肩负的任务。

2. 有针对性地去研究市场背景

有针对性地去研究市场背景,就是要看广告品牌和产品定位,到底在市场上存在哪些竞争对手,别人是如何做的、做得怎样,分析和研究竞争对手的广告行为,正所谓"知己知彼,百战不殆"。

3. 策略的生成

本质上,好策略就是用正确的方式说正确的话。一般而言,策略的生成过程可以描述为以下内容:产品概念的理解和分析;尝试性的创意;创意测试;创意简报;策略确认。

第二节 电视广告发布策划

一、媒体组合

现在的广告投放一般采用媒体组合策略,所谓媒体组合,就是指在同一媒体计划中,使用两种或两种以上不同媒体。媒体组合所产生的协同作用,其总和效果远大于各媒体效果相加之和。

(一)电视广告媒体组合投放标准

(1)收视率、覆盖率及目标人群收视率。

收视率、覆盖率是电视节目评估的核心指标,直接关系到电视广告传播的广度和深度,关系到广告说服的效果。

(2)根据节目质量及产品属性确定广告时段的含金量。

随着广告理念和经营理念的逐渐成熟,企业在投放广告时考虑的远远不只是电视媒体的收视率、覆盖率等表面指标,企业更要充分地理解电视媒体的特征,从而更好地选择媒体,对于电视节目的质量——节目的连续性、新闻性、娱乐性、时尚性及收视的稳定性给予更多的关注,力求获得最佳广告效果。

(3)电视节目的广告环境。

广告环境有广义和狭义之分,广义的广告环境是指媒体的形象,狭义的广告环境是指媒体中其他广告的形象。由于媒体中广告的形象往往会影响媒体自身的形象,因此广义的广告环境实际上包含了狭义的广告环境。我们此处所说的广告环境指的是广义的广告环境。

广告效果的好坏,不仅取决于广告创意本身,还与广告所处的环境密切相关。与广告环境有关的电视媒体评估指标一般包括媒体形象与相关性两个方面。

媒体形象对广告效果有着很大影响,如果媒体形象与广告品牌形象类似,则媒体对于该品牌具有较高的价值,会产生较好的广告效果。

相关性是指广告产品或广告创意与媒体在主题上的联系。考虑相关性的意义在于,消费者对于某种类型的媒体有较高的兴趣,就会选择收看,那么,广告主依据这条线索可以接触到对自己的产品或创意感兴趣的群体,从而取得较好的广告效果。

(二)电视广告投放技巧

由于广告带有强迫性的商业色彩,因此消费者并不喜欢广告,尤其是当前,广告不但过剩,更具有同质化的不良倾向。一般而言,广告效果的决定性因素不一定是投放量的大小,在媒体总投资和比重不变的情况下,策略性地安排排期和使用投放技巧可获得更好的广告效果。

1. 电视媒体排期方法

选择好适当的频道之后,媒体策划人员就要决定每个频道购买多少时间或单元,然后安排在消费者最有可能购买的时期发布广告。

2. 选择合适的发布时机

发布时机的选择是否得当,对广告效果有重大影响。时机选择得当,则可以充分利用有利时机造成的有利媒介条件,增强广告的传播效果;而如果时机选择不当,则可能由于不利条件的影响,使广告效果大打折扣。

3. 广告重复技巧

广告重复能提高品牌的知名度。事实上,绝大多数的知名品牌或企业之所以知名,跟广告的频繁重复是分不开的。无论是国外的知名品牌,如宝洁、可口可乐、松下电器,还是国内的产品,如海尔电器、乐百氏奶、健力宝,消费者都反复在电视或其他媒体上看过或听过。

但是,重复次数过多时,受众会尽量回避接收广告诉求,把认知活动转移到其他信息上,所以,广告重复一定要适当。

4. 投放版本组合

现在广告片的版本大多有30秒、15秒、5秒三种。企业投放的广告片如果根据不同推广周期、时段进行有效组合,将能达到用最少投入取得最大收益的效果。在黄金时段,由于成本较高,一般投放5秒、15秒广告,贴片和专业栏目、频道的非黄金时段投放能够详细传达信息的30秒广告。

5. 广告片适宜的播出形式

广告片的播出形式对广告的收视效果有着相当重要的作用,可以有效提高广告的"满意度"。在一天的各个时段,人们由于受到生理因素和生活习惯的影响,思维能力、接受方式都有所不同。

6. 降低广告回避率

由于信息的泛滥,广告本身的恶俗,造成受众对广告的回避态度。要降低广告的回避率,可以采取以下应对措施:

(1)增加广告的趣味性、吸引力、艺术性,变无意注意为有意注意;
(2)增强广告含金量,如有奖广告、看广告得大奖,将品牌广告与促销广告相结合;
(3)双向传播,广告互动,激发受众参加热情;
(4)加强广告传播效果,选择贴片广告(指定广告插播的正一和倒一位置);
(5)利用受众期待心理,在重大节日、重大事件的电视转播前插播广告;
(6)在电视转播镜头不可回避之处安置广告,如体育比赛现场、赞助节目、冠名等;
(7)策划事件广告,吸引受众。

二、预算策略

广告预算是一个如何安排、使用广告经费的具体、详尽的资金使用计划。

广告预算应考虑诸多因素:产品不同生命周期的不同策略;市场份额大小和消费者基础的不同;竞争力度

和市场喧嚣的强度不同;产品替代性的不同情况,等等。广告预算必须遵循科学严谨的原则,同时也要讲究对市场的直觉判断。

1. 广告预算中的相关概念

从媒体费用和达到效果的相互关系,所算出的效果指标,是媒体选择的重要依据。选择媒体的重要指标包括总视听率、到达率、频度等。在媒体评价上,量的方面,传达到了多少人;质的方面,给每一位观众多大冲击力,这些都是重要的指标。

2. 制定广告预算的方式

(1)销售额百分比法。

这是最常用的,也是最容易被管理层通过的方法。当然,这个比例,不同的企业有不同的考虑,这要视企业所在的行业及其成熟程度来确定,而且要参考企业的战略目标定位。一般来说,食品行业、保健品行业、饮料行业等快速消费品行业比例相对较高;家电、房产、汽车等耐用消费品等相应较低。

(2)顾客成本预算法。

这是一种比较科学的制定广告预算的方法。它是在目标市场确定基础上依据顾客成本计算出来的。这里关键是如何确定每个顾客的成本是多少,是根据行业的历史成本来计算?还是在历史数据的基础上进行合理推测和预测?抑或是根据现有对手的顾客成本情况进行综合和平均?这里还有重要的约束因素,那就是成本的限制。任何一个新企业投产新产品,不可能以行业的顾客成本为标准进行媒介组合和广告投放。

(3)市场数据模式化预算法。

把有关市场数据模式化,这是国外最成熟的做法,但数据需及时而且齐备,国内只有少数的专业广告商和品牌企业能短时间内做到,而且仅限于个别行业和个别企业。

以上仅是在制定广告预算时比较常用的一些方法,当然不能排除还有其他一些可能比这更好的方法。但实际上,任何一家企业,在做广告费用预算时,都不是单独地使用某一种方法,而是好几种方法的综合和结合。

第三节 电视广告创意

一、创意评价标准

被誉为"现代广告之父"的奥格威在1965年6月11日给他的创意总监克里夫的一纸便笺上写道:"我衷心地祈求:好广告应该具有魅力、才情、品位,引人注目,并且不落俗套。"当我们站在当今广告的前沿角度上来看时,这句话仍然值得认真思考。那么好的电视广告究竟是什么样的呢?

好的电视广告应该至少具备以下条件:

1. 简单

通常电视广告的时间不会超过60秒,而电视台更多地播放的是30秒、15秒和5秒的广告片,在短时间内越是简单的就越容易记忆,要想有效,简单是第一标准。在创意理论里,这点称为单点诉求。

2. 独创性

奥格威的"不落俗套"就是讲的独创性。独创性可以理解为制造广告差异，USP 营销理论就很强调市场营销角度的独创性。

3. 趣味性

趣味性是广告创作所有手法中最容易让人接受的方式。需要注意的是，趣味性虽然容易吸引人，但问题是消费者往往记住了引人入胜的情节，而忽视了产品本身。因此，广告片应紧紧围绕产品表现，使观众产生对产品的关联记忆。

4. 冲击力

电视广告的冲击力可来自以下三个方面：概念的（或广告语）、画面的和音乐的。无论是哪个方面的冲击力，市场反应才是唯一指标。

5. 关联性

关联性是模糊逻辑合理性的演绎，广告创意就是要让观众和商品之间建立自然而然的联系，不能风马牛不相及；必须要以商品利益和目标消费者之间的关系为基础。

二、电视广告创意方法

1. 厚积薄发

创意灵感需要坚持不懈地积累，"创意口袋"是进行创意积累的一个有效方法——广告创意人员随身携带一个小本子和一支笔，随时随地用精简的文字或图画记录下产生的灵感，以便有需要的时候检索和再加工应用。

2. 独辟蹊径

在产品同质化的年代，只有独辟蹊径，创新、创异才会引起消费者的关注。不要做第二个追求者，更不要与其他商品做相同的诉求，除非产品或卖点的确有过人之处。

3. 头脑风暴

当一群人围绕一个特定的兴趣领域产生新观点的时候，这种情境就叫作头脑风暴。由于团队讨论使用了没有拘束的规则，人们能够更自由地思考，进入思想的新区域，从而产生很多的新观点和问题解决方法。当参加者有了新观点和想法时，他们就大声说出来，然后在他人提出的观点之上建立新观点。所有的观点都被记录下来，但不进行批评。只有当头脑风暴会议结束的时候，才对这些观点和想法进行评估。头脑风暴是一种集体开发创造性思维的方法。

4. 转换立场

我们在思考创意的时候往往会很主观，这时尝试着忘记自我，并且转换到一个普通目标消费者、生产商或经销商的角度去想，可能会有不同的启发。这种"转换立场"方法是训练逻辑能力的一种基本方法。

5. 逆向思维

当创意进行到"山重水复疑无路"时，不妨把立场完全、彻底地转换到一个极致的对立面，这就是逆向思考，也许那优美的创意就在蓦然回首的瞬间。过深地投入创意课题，往往会钻牛角尖，一定要试着反过来想一想问题的另一端。

三、吸引消费者的因素

1. 巧用开场元素

在这个由消费者掌握遥控器的信息爆炸时代，观众的收视耐心一般不会超过 5 秒，所以电视广告一开始就必须要突破观众的松弛状态,引起他们的好奇、紧张、兴奋等情绪,以吸引他们的注意。通常情况下,广告片在开场的几秒钟就决定了观众是否会继续观看,这也正是众多广告大师不断强调独特性、冲击力的原因。但是要注意,引起关注的方式多种多样,不要过于怪异,避免观众反感。

2. 幽默诉求元素

幽默广告总是容易让人记住且记忆深刻,笑声中推销最为见效。有则获奖的国外广告片是这样表现幽默的:街边一家美容院的玻璃门从里面推开,走出来一位窈窕的女子,滑滑板路过的少年吹响口哨飞驰而过,还回过头来抛出一个调情的眼神,女子顿时大怒不已——为什么呢?接下来的广告字幕配合旁白让人忍俊不禁:"请别对从我们店出去的姑娘挤眉弄眼,她很可能是你的外祖母!"这则幽默广告不仅取悦了观众,还把商业利益诉求加以适当的夸大和强化灌输给了消费者。

3. "3B"元素

所谓"3B",即 beauty(美女)、baby(孩童)、beast(动物)。宛若天仙的美女、襁褓中的婴儿、可爱的动物,最能博得人们的怜爱和喜悦。电视广告经常应用"3B"作为表现主题。

4. 名人/明星元素

名人和明星都是大家耳熟能详、倍感亲切的公众人物,二者之间有着很细微的差别:名人相对来说具有更高的信赖感;而明星则大多出自娱乐圈,具有更多的时尚感。他们都有着难以形容的魅力。

将名人/明星元素应用在广告行为里的主要目的,就是希望能够将这种魅力转移到产品上面,提升产品的知名度和接受度,赋予商品更多的附加价值,并因此使消费者对产品和企业产生好感。

5. 歌曲元素

广告就是要尽可能利用一切可以利用的文化元素或流行元素。音乐是全人类无国界限制的共同语言,歌曲则是最具感性煽动力的元素。采用流行音乐、流行歌曲创作电视广告,可以很容易地掀起观众的感情波澜,也更易产生情感共鸣。

6. 戏剧元素

现代广告创意表现不乏涉及生活片段,而戏剧性就存在于日常生活之中。巧妙地描述生活中的戏剧化冲突因素,可以引起观众的情绪紧张,增强其对品牌的关注,进一步加深广告印象。

7. 消费者利益至上

广告最主要的功能是把商业信息传递给消费者,并说服其接受你的宣传内容。无论采取什么样的广告形式,最终广告是做给消费者看的,并期望引导消费行为。能够吸引消费者的,除了上面所提及的各类元素,还有最核心的一条,那就是广告形式传递消费者最关心的利益。广告中的消费者利益永远是第一位的,在广告推销商品时,永远要把商品能给消费者带来的好处摆在最核心的位置。

思考题

1. 制作电视广告的注意事项有哪些?
2. 电视广告创意方法有哪些?

第八章

网络广告创意

当下,网络媒体即网络广告方兴未艾。中国的第一个商业性的网络广告出现在1997年3月,Intel和IBM是国内最早在互联网上投放广告的广告主,传播网站是ChinaByte,广告表现形式为468像素×60像素的动画旗帜广告,IBM为AS400的网络广告宣传支付了3000美元。中国网络广告一直到1999年初才稍有规模。历经多年的发展,网络广告行业经过数次洗礼已经慢慢走向成熟。

第一节 网络广告概述

网络广告就是在网络上做的广告,是通过网络广告投放平台,利用网站上的广告横幅、文本链接、多媒体等方法,在互联网刊登或发布广告,通过网络传递到互联网用户的一种高科技广告运作方式。与传统的四大传播媒体(报纸、杂志、电视、广播)广告及近来备受垂青的户外广告相比,网络广告具有得天独厚的优势,是实施现代营销媒体战略的重要的一部分。网络广告是主要的网络营销方法之一,在网络营销方法体系中具有举足轻重的地位,事实上多种网络营销方法也都可以理解为网络广告的具体表现形式,而并不仅限于放置在网页上的各种规格的横幅广告,如电子邮件广告、搜索引擎关键词广告、搜索固定排名等都可以理解为网络广告的表现形式。

无论以什么形式出现,网络广告所具有的本质特征是相同的:网络广告的本质是向互联网用户传递营销信息的一种手段,是对用户注意力资源的合理利用。互联网是一个全新的广告媒体,传播速度快、效果理想,是中小企业扩展壮大的很好途径,对于广泛开展国际业务的公司更是如此。

一、网络广告的历史和现状

1. 网络广告的历史

网络广告是互联网时代的一个必然产物,网络广告发展历史也同样受到了人们的关注。众所周知,网络广告就是在网络上做的广告,其发展前景极好。网络广告发展历史已经成为广告主关注的一个基本知识,对新兴广告的了解也都是先从网络广告上开始的。

网络广告发展异常迅速,网络广告发挥的效用越来越重要,以至于广告界甚至认为互联网络将超越路牌,成为传统四大媒体(报纸、杂志、电视、广播)之后的第五大媒体。因而,众多国际级的广告公司都成立了专门的"网络媒体分部",以开拓网络广告的巨大市场。

追本溯源,网络广告发源于美国。1994年10月27日是网络广告史上的里程碑,美国著名的《Wired》杂志推出了网络版的《Hotwired》,并首次在网站上推出了网络广告,这立即吸引了AT&T等14个客户在其主页上发布广告横幅,这标志着网络广告的正式诞生。更值得一提的是,当时的网络广告点击率高达40%。

虽然网络广告发展历史并不长,但是它是发展最快的一个广告行业,也是一个在未来潜力极大的广告业,随着科技的发展,网络广告的前景会更好。

2. 网络广告的现状

据有关统计,2016年第二季度中国网络广告市场规模达671.6亿元,与2015年同期相比增长34.5%(见图8-1)。从网络广告的不同形式来看,与2015年相比,搜索与品牌图形广告占比出现下降,电商、在线视频与其他形式广告的份额有所增长。其中,搜索引擎行业季度广告市场规模为199亿元,同比增长16.6%,其规模占整体网络广告市场规模的比例为 29.6%；中国在线视频广告市场规模为 83.8 亿元，同比增长 47.5%。在线视频行业季度市场规模为 151.8 亿元，在线视频广告收入贡献为 55.2%，仍是视频企业最主要的盈利模式。不仅如此，中国网络广告的类型也在不断丰富，出现了多种不同类型的网络广告（见图 8-2）。

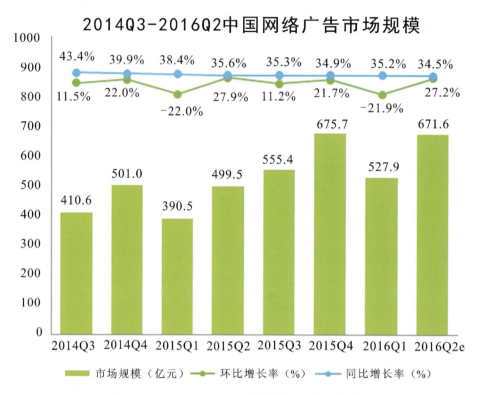

图 8-1　2014Q3—2016Q2 中国网络广告市场规模

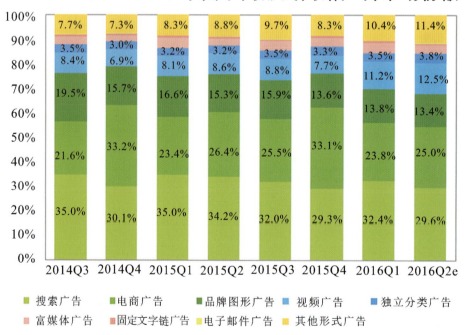

图 8-2　2014Q3—2016Q2 中国不同形式网络广告市场份额

3. 网络广告业的前景

基于对网络广告发展的研究分析,对其未来发展持乐观态度的人士和机构占了大多数。人们认为,网络广告业将会有以下发展趋势：

(1)形式和内容不断创新。

(2)网络广告主的来源越来越丰富。

(3)宽带网络广告前景看好。

二、网络广告媒体分析

1. 网络广告的特点

网络广告和传统广告不同的是,网络广告具有以下几方面的特点：

(1)广告传播网络化。

在网络时代,网络广告的承载媒体是互联网,这是网络广告最基本的特点。传统的广告形式是独立的、非网络的,广告始于广告,也终于广告。而网络的超链接功能,则给网络广告提供了重要的支点：通过超链接方式,广告主可以向广告对象提供理论上无限多的广告信息,而受众也可以有目的地在这些信息中寻求自己所需要的那一部分。广告的网络化使得广告内容得到了极大的丰富,突破了传统广告在空间(如报纸版面)、时间(广播、电视的时间)上的局限性,是一种网络化的广告传播方式。广告传播的网络化使得广告跨越了时空的局限性,覆盖面达到了前所未有的范围。

(2)多媒体性。

这是网络媒介属性赋予网络广告的一个重要属性。传统的广告形式(报纸、杂志、广播、电视广告等)一般都是主要诉诸某一元素,因而其表现形式也就较为单一。而网络和网络广告发展到今天——特别是宽带技术的普及和广告技术的提高——可以通过对视频、音频、图像、文字的组合运用来增强网络广告的表现力,达到所期望的广告效果。网络广告的多媒体性直接引发了网络广告的又一特征：实时交互性。

(3)互动性。

互动性是网络广告最吸引人的地方,也是其最具特色的地方。一般而言,广告的互动性包括受众与广告信息之间的互动以及受众与广告主之间的互动两个维度。互联网广告的互动性是一种参与程度。不同的媒体、不同的广告互动形式不同,受众的参与程度也不同。

2. 网络广告的优势

网络广告作为一种极具潜力的广告载体,它具有传统媒体广告所无法比拟的优势,主要体现在如下几个方面：

(1)发布和接收的交互性。它可以使消费者自己随心所欲地选择自己感兴趣的广告信息,而且传播快速,发布和接收基本上是同步的。

(2)发布的广泛性。互联网的全球性,使互联网上发布的广告也是全球性的。

(3)投放的针对性。网络广告可以通过分析网站/网页访问者的喜好,建立相应的数据库,从而对广告对象进行精确定位,投放点对点式的广告。

(4)形式的多样性。网络广告在尺寸上可以采取旗帜广告、巨型广告,在技术上还可以采用动画、游戏方式,在形式上可以采用在线收听、收看、试玩、调查,等等。

3. 网络广告的劣势

基于以上分析,我们可以得出结论：网络广告在未来有着巨大的发展空间。但由于网络广告还存在许多不成熟的地方,因此需要针对网络广告的劣势不断进行改进。

(1)网络广告的实际效果较为模糊。对于传统广告来说,广告效果测评有着一整套现成的模式和惯例。由于网络广告发展的时间较短,对于其效果测评的几个指标还存在较大争议,企业很难在投放广告之前有一个准确的效果预测,这在很大程度上动摇了企业投放网络广告的决心。

(2)网络广告的供需很难平衡。网络广告市场目前还属于买方市场。虽然增长率持续攀升,但由于基数较小,网络广告投放总量和传统广告投放总量根本无法相提并论。出于种种顾虑,以及受到观念和效果等多种因素的制约,很多传统媒体广告的大客户对网络广告采取观望态度。

(3)网络的限制。网络的限制主要体现在两个方面:一是网络本身,二是带宽。在中国,由于地区之间、家庭之间的差距,网络还不能完全覆盖到所有人。同时,受到带宽的制约,网络广告必须对文件大小进行限制。

三、网络广告的分类

网络广告的类型可以按照投放目的、投放形式两种标准划分。

1. 按投放目的分类

(1)信息传播类。

信息传播类的广告,其目的是将某个消息传播出去,其目的主要是使新产品上市的信息让更多的人知道。

(2)品牌广告类。

品牌广告,是针对某一个品牌进行的宣传,其目的是提升品牌的知名度和美誉度。

(3)销售/引导类。

销售类广告,目的就是销售产品。比如我们经常看到的SP的图铃广告都可以归为这一类型。

2. 按投放形式分类

(1)固定位置广告。

固定位置的广告形式是最早采用,也是最常见的广告形式。它的特点是,在某一个或者某一类页面的相对固定的位置放置广告。

(2)上下文相关广告。

上下文相关广告,是在固定位置广告的基础上,增加广告与上下文的相关性,由广告投放平台通过分析投放广告的页面内容,从广告库中提取出相关的广告进行投放。

(3)弹窗广告。

①部分弹窗广告采取后弹模式,也就是说,当页面载入完成后弹在当前页面后。

②部分弹窗广告采取关闭触发的模式,也就是说,当用户关闭窗口,或者离开当前页面的时候弹出。

(4)内文提示广告。

内文提示广告即在内文中,划出一些关键字,当鼠标移动到这些关键字上边的时候,使用提示窗口的方式显示相关的广告内容。

第二节 网络广告创意

网络广告与传统媒体广告相比,具有交互性、实时性、广泛性及易统计性等特点,网络广告拥有更多的自由。自由度的放宽往往意味着竞争更加激烈。受众可接触的广告实体多,并不意味着他们阅读的广告多,他们绝不会对平淡无奇的广告花费过多的时间。因此,网络广告要想吸引消费者的注意力,必须强调创意。

一、网络广告创意的含义

所谓网络广告创意,其实可以理解为广告人员对确定的广告主题进行整体的构思活动,利用相关的网络技术及多媒体技术,充分发挥想象力和创造力,调动人的情感,以便将品牌建设与具体产品促销结合起来,使其相得益彰。

二、网络广告创意的方法

1. 网络广告创意的一般方法

(1)提炼主题。客户目标站点可能同时提供很多内容服务或产品,可以选择一个最具有吸引力的内容来作为广告创作的主题。

(2)提出针对性诉求。在"卖点"的设计上,应该站在访问者的角度,注意与广告站点内容的相关性,使得点击率能够提高。

(3)品牌亲和。广告可以在推销产品时将产品背后的公司一起推销出去,即通过树立公司的威信让消费者对产品产生信心。但考虑到各种媒介之间的差异性,在传达同一信息时必须各有特色。在网络广告中,对于品牌的过分宣传会降低网友的好奇心,从而影响点击率,对此应予以重视。

(4)利益诱人。这是指在网络广告中告诉网友,点击这则广告可以获得除产品信息以外的其他好处,而不点击就会失去。通常表现为"奖""礼",或者"免费",等等。利用利益效应,提高广告的机会价值,是提高广告点击率行之有效的方法。

2. 网络广告创意的思维方法

(1)使用有震撼力的词汇。如 free(免费),这个词在网上被使用的频率是很高的。互联网中免费并不意味着一定要免费赠予物品或服务,它还有另一层意思,即浏览者可以自由点击广告:我的网页是可以让你免费浏览的,看我的信息是不收费的。如果你有一些服务、演示版或样品希望免费赠予客户,那么就更有理由使用免费这个词语了。

(2)使用鲜明的色彩。醒目的东西总是更容易被人发现。相对来说,一般站点的正常信息使用比较清淡的色彩,而广告应尽量使用鲜明突出的色彩。当然这也不是一成不变的,应根据广告的创意内容与站点风格灵活运用。

(3)使用动画。动画比静态图形更容易吸引访问者,尤其是能够表现一种产品利益和诱惑的动画。

(4)经常更换图片。研究表明,同一幅图片放置较长时间后点击率会下降,而更换图片后,点击率又会增加,所以保持新鲜感是吸引访客的一个好办法。

思考题

1. 什么是网络广告?网络广告的特点有哪些?
2. 网络广告创意的思维方法有哪些?

参考文献

[1] 金定海,郑欢.广告创意学[M].北京:高等教育出版社,2018.

[2] 高志宏,徐智明.广告文案写作[M].北京:中国物价出版社,1997.

[3] 施新.秘书写作[M].杭州:浙江大学出版社,2010.

[4] 缪启军.广告实务[M].南京:东南大学出版社,2006.

[5] 张启杰,田玉来.广告实务[M].北京:人民邮电出版社,2011.

[6] 黄晓利,赵琼.创意哲学[M].成都:西南交通大学出版社,2009.

[7] 冯拾松,江梅芳.现代广告学[M].北京:科学出版社,2007.

[8] 余明阳,陈先红.广告策划创意学[M].3版.上海:复旦大学出版社,2007.

[9] 冯章.广告创意与策划[M].北京:经济管理出版社,2009.

[10] 程宇宁.广告创意[M].3版.北京:中国传媒大学出版社,2017.

[11] 黎青,孙丰国.广告策划与创意[M].长沙:湖南大学出版社,2006.

[12] 王中义,王贤庆,黎泽潮.广告创意思维[M].合肥:合肥工业大学出版社,2005.

[13] 苗杰.现代广告学[M].5版.北京:中国人民大学出版社,2011.

[14] 汪天益.广告目标与企业营销目标的关系[J].广告大观(综合版),2000(5).

[15] 胡惠东,韩炼.广告创意与文案写作[J].当代传播,2005(3).

[16] 徐一茗.浅析广告创意原则的新涵义[J].美与时代(下半月),2008(11).

[17] 浩知.独特的广告需要创意[J].中外管理,1996(4).